COLEÇÃO
GRANDES OBRAS
VERMELHO MARINHO

IRACEMA

JOSÉ DE ALENCAR

1ª EDIÇÃO - 2019
RIO DE JANEIRO, RJ

Editor-chefe:
Tomaz Adour

Revisão:
Equipe Vermelho Marinho

Projeto Gráfico:
Editora Estronho (Marcelo Amado)

Arabesco da arte da capa e miolo:
Garry Killian

Texto revisado e atualizado conforme definições do novo Acordo Ortográfico da Língua Portuguesa de 2009.

Alencar, José de
Iracema / José de Alencar
Rio de Janeiro: Vermelho Marinho, 2019.
96 p. 14 x 21cm
ISBN: 978-85-8265-141-4
1. Literatura Brasileira. 2. Clássicos. 3. Título.
CDD B869

EDITORA VERMELHO MARINHO USINA DE LETRAS LTDA
Rio de Janeiro — Departamento Editorial:
Avenida Gilka Machado, 315 — bloco 2 — casa 6
Recreio dos Bandeirantes — Rio de Janeiro — RJ
CEP: 22795-570

www.editoravermelhomarinho.com.br

VERMELHO MARINHO

IRACEMA

Prólogo

(da 1ª edição)

Meu amigo,

Este livro o vai naturalmente encontrar em seu pitoresco sítio da várzea, no doce lar, a que povoa a numerosa prole, alegria e esperança do casal.

Imagino que é a hora mais ardente da sesta.

O sol a pino dardeja raios de fogo sobre as areias natais; as aves emudecem; as plantas languem. A natureza sofre a influência da poderosa irradiação tropical, que produz o diamante e o gênio, as duas mais brilhantes expressões do poder criador.

Os meninos brincam na sombra do outão, com pequenos ossos de reses, que figuram a boiada. Era assim que eu brincava, há quantos anos, em outro sítio, não mui distante do seu. A dona da casa, terna e incansável, manda abrir o coco verde, ou prepara o saboroso creme do buriti para refrigerar o esposo, que pouco há, recolheu de sua excursão pelo sítio, e agora repousa embalando-se na macia e cômoda rede.

Abra então este livrinho, que lhe chega da corte imprevisto. Percorra suas páginas para desenfastiar o espírito das coisas graves que o trazem ocupado.

Talvez me desvaneça amor do ninho, ou se iludam as reminiscências da infância avivadas recentemente. Se não, creio que, ao abrir o pequeno volume, sentirá uma onda do mesmo aroma silvestre e bravio que lhe vem da várzea. Derrama-o, a brisa que perpassou nos espatos da carnaúba e na ramagem das aroeiras em flor.

Essa onda é a inspiração da pátria que volve a ela, agora e sempre, como volve de contínuo o olhar do infante para o materno semblante que lhe sorri.

O livro é cearense. Foi imaginado aí, na limpidez desse céu de cristalino azul, e depois vazado no coração cheio das recordações vivaces de uma imaginação virgem. Escrevi-o para ser lido lá, na varanda da casa rústica ou na fresca sombra do pomar, ao doce embalo da rede, entre os murmúrios do vento que crepita na areia, ou farfalha nas palmas dos coqueiros.

Para lá, pois, que é o berço seu, o envio.

Mas assim mandado por um filho ausente, para muitos estranho, esquecido talvez dos poucos amigos, e só lembrado pela incessante desafeição, qual sorte será a do livro?

Que lhe falte hospitalidade, não há temer. As auras de nossos campos parecem tão impregnadas dessa virtude primitiva, que nenhuma raça habita aí, que não a inspire com o hálito vital. Receio, sim, que o livro seja recebido como estrangeiro e hóspede na terra dos meus.

Se porém, ao abordar as plagas do Mucuripe, for acolhido pelo bom cearense, prezado de seus irmãos ainda mais na adversidade do que nos tempos prósperos, estou certo que o filho de minha alma achará na terra de seu pai, a intimidade e conchego da família.

O nome de outros filhos enobrece nossa província na política e na ciência; entre eles o meu, hoje apagado, quando o trazia brilhantemente aquele que primeiro o criou. Neste momento mesmo, a espada heroica de muito bravo cearense vai ceifando no campo da batalha ampla messe de glória.

Quem não pode ilustrar a terra natal, canta as suas lendas, sem metro, na rude toada de seus antigos filhos.

Acolha pois esta primeira mostra para oferecê-la a nossos patrícios a quem é dedicada.

Este pedido foi um dos motivos de lhe endereçar o livro; o outro saberá depois que o tenha lido.

Muita coisa me ocorre dizer sobre o assunto, que talvez devera antecipar à leitura da obra, para prevenir a surpresa de alguns e responder às observações ou reparos de outros.

Mas sempre fui avesso aos prólogos; em meu conceito eles fazem à obra, o mesmo que o pássaro à fruta antes de colhida; roubam as primícias do sabor literário. Por isso me reservo para depois.

Na última página me encontrará de novo; então conversaremos a gosto, em mais liberdade do que teríamos neste pórtico do livro, onde a etiqueta manda receber o público com a gravidade e reverência devida a tão alto senhor.

Rio de Janeiro, maio de 1865.

J. DE ALENCAR

Capítulo 1

Verdes mares bravios de minha terra natal, onde canta a jandaia nas frondes da carnaúba.

Verdes mares, que brilhais como líquida esmeralda aos raios do sol nascente, perlongando as alvas praias ensombradas de coqueiros.

Serenai, verdes mares, e alisai docemente a vaga impetuosa, para que o barco aventureiro manso resvale à flor das águas.

Onde vai a afoita jangada, que deixa rápida a costa cearense, aberta ao fresco terral a grande vela?

Onde vai como branca alcíone buscando o rochedo pátrio nas solidões do oceano?

Três entes respiram sobre o frágil lenho que vai singrando veloce, mar em fora.

Um jovem guerreiro cuja tez branca não cora o sangue americano; uma criança e um rafeiro que viram a luz no berço das florestas, e brincam irmãos, filhos ambos da mesma terra selvagem.

A lufada intermitente traz da praia um eco vibrante, que ressoa entre o marulho das vagas:

— Iracema!

O moço guerreiro, encostado ao mastro, leva os olhos presos na sombra fugitiva da terra; a espaços o olhar empanado por tênue lágrima cai sobre o jirau, onde folgam as duas inocentes criaturas, companheiras de seu infortúnio.

Nesse momento o lábio arranca d'alma um agro sorriso.

Que deixara ele na terra do exílio?

Uma história que me contaram nas lindas várzeas onde nasci, à calada da noite, quando a lua passeava no céu argenteando os campos, e a brisa rugitava nos palmares.

Refresca o vento.

O rulo das vagas precipita. O barco salta sobre as ondas e desaparece no horizonte. Abre-se a imensidade dos mares, e a borrasca enverga, como o condor, as foscas asas sobre o abismo.

Deus te leve a salvo, brioso e altivo barco, por entre as vagas revoltas, e te poje nalguma enseada amiga. Soprem para ti as brandas auras; e para ti jaspeie a bonança mares de leite!

Enquanto vogas assim à discrição do vento, airoso barco, volva às brancas areias a saudade, que te acompanha, mas não se parte da terra onde revoa.

Capítulo 2

Além, muito além daquela serra, que ainda azula no horizonte, nasceu Iracema.

Iracema, a virgem dos lábios de mel, que tinha os cabelos mais negros que a asa da graúna e mais longos que seu talhe de palmeira.

O favo da jati não era doce como seu sorriso; nem a baunilha recendia no bosque como seu hálito perfumado.

Mais rápida que a ema selvagem, a morena virgem corria o sertão e as matas do Ipu, onde campeava sua guerreira tribo da grande nação tabajara, o pé grácil e nu, mal roçando alisava apenas a verde pelúcia que vestia a terra com as primeiras águas.

Um dia, ao pino do sol, ela repousava em um claro da floresta. Banhava-lhe o corpo a sombra da oiticica, mais fresca do que o orvalho da noite. Os ramos da acácia silvestre esparziam flores sobre os úmidos cabelos. Escondidos na folhagem os pássaros ameigavam o canto.

Iracema saiu do banho; o aljôfar d'água ainda a roreja, como à doce mangaba que corou em manhã de chuva. Enquanto repousa, empluma das penas do gará as flechas de seu arco, e conserta com o sabiá da mata, pousado no galho próximo, o canto agreste.

A graciosa ará, sua companheira e amiga, brinca junto dela. Às vezes sobe aos ramos da árvore e de lá chama a virgem pelo nome; outras remexe o uru de palha matizada, onde traz a selvagem seus perfumes, os alvos fios do crautá, as agulhas da juçara com que tece a renda, e as tintas de que matiza o algodão.

Rumor suspeito quebra a doce harmonia da sesta. Ergue a virgem os olhos, que o sol não deslumbra; sua vista perturba-se.

Diante dela e todo a contemplá-la, está um guerreiro estranho, se é guerreiro e não algum mau espírito da floresta. Tem nas faces o branco das areias que bordam o mar; nos olhos o azul triste das águas profundas. Ignotas armas e tecidos ignotos cobrem-lhe o corpo.

Foi rápido, como o olhar, o gesto de Iracema. A flecha embebida no arco partiu. Gotas de sangue borbulham na face do desconhecido.

De primeiro ímpeto, a mão lesta caiu sobre a cruz da espada, mas logo sorriu. O moço guerreiro aprendeu na religião de sua mãe, onde a mulher é símbolo de ternura e amor. Sofreu mais d'alma que da ferida.

O sentimento que ele pôs nos olhos e no rosto, não o sei eu. Porém a virgem lançou de si o arco e a uiraçaba, e correu para o guerreiro, sentida da mágoa que causara.

A mão que rápida ferira, estancou mais rápida e compassiva o sangue que gotejava. Depois Iracema quebrou a flecha homicida: deu a haste ao desconhecido, guardando consigo a ponta farpada.

O guerreiro falou:

— Quebras comigo a flecha da paz?

— Quem te ensinou, guerreiro branco, a linguagem de meus irmãos? Donde vieste a estas matas, que nunca viram outro guerreiro como tu?

— Venho de bem longe, filha das florestas. Venho das terras que teus irmãos já possuíram, e hoje têm os meus.

— Bem-vindo seja o estrangeiro aos campos dos tabajaras, senhores das aldeias, e à cabana de Araquém, pai de Iracema.

Capítulo 3

O estrangeiro seguiu a virgem através da floresta.

Quando o sol descambava sobre a crista dos montes, e a rola desatava do fundo da mata os primeiros arrulhos, eles descobriram no vale a grande taba; e mais longe, pendurada no rochedo, à sombra dos altos juazeiros, a cabana do Pajé.

O ancião fumava à porta, sentado na esteira de carnaúba, meditando os sagrados ritos de Tupã. O tênue sopro da brisa carmeava, como flocos de algodão, os compridos e raros cabelos brancos. De imóvel que estava, sumia a vida nos olhos cavos e nas rugas profundas.

O Pajé lobrigou os dois vultos que avançavam; cuidou ver a sombra de uma árvore solitária que vinha alongando-se pelo vale fora.

Quando os viajantes entraram na densa penumbra do bosque, então seu olhar como o do tigre, afeito às trevas, conheceu Iracema e viu que a seguia um jovem guerreiro, de estranha raça e longes terras.

As tribos tabajaras, dalém Ibiapaba, falavam de uma nova raça de guerreiros, alvos como flores de borrasca, e vindos de remota plaga às margens do Mearim. O ancião pensou que fosse um guerreiro semelhante, aquele que pisava os campos nativos.

Tranquilo, esperou.

A virgem aponta para o estrangeiro e diz:

— Ele veio, pai.

— Veio bem. É Tupã que traz o hóspede à cabana de Araquém.

Assim dizendo, o Pajé passou o cachimbo ao estrangeiro; e entraram ambos na cabana.

O mancebo sentou-se na rede principal, suspensa no centro da habitação.

Iracema acendeu o fogo da hospitalidade; e trouxe o que havia de provisões para satisfazer a fome e a sede: trouxe o resto da caça, a farinha-d'água, os frutos silvestres, os favos de mel, o vinho de caju e ananás.

Depois a virgem entrou com a igaçaba, que na fonte próxima enchera de água fresca para lavar o rosto e as mãos do estrangeiro.

Quando o guerreiro terminou a refeição, o velho Pajé apagou o cachimbo e falou:

— Vieste?

— Vim — respondeu o desconhecido.

— Bem-vindo sejas. O estrangeiro é senhor na cabana de Araquém. Os tabajaras tem mil guerreiros para defendê-lo, e mulheres sem conta para servi-lo. Dize, e todos te obedecerão.

— Pajé, eu te agradeço o agasalho que me deste. Logo que o sol nascer, deixarei tua cabana e teus campos aonde vim perdido; mas não devo deixá-los sem dizer-te quem é o guerreiro, que fizeste amigo.

— Foi a Tupã que o Pajé serviu: ele te trouxe, ele te levará. Araquém nada fez pelo seu hóspede; não pergunta donde vem e quando vai. Se queres dormir, desçam sobre ti os sonhos alegres; se queres falar, teu hóspede escuta.

O estrangeiro disse:

— Sou dos guerreiros brancos, que levantaram a taba nas margens do Jaguaribe, perto do mar, onde habitam os pitiguaras, inimigos de tua nação. Meu nome é Martim, que na tua língua quer dizer filho de guerreiro; meu sangue, o do grande povo que primeiro viu as terras de tua pátria. Já meus destroçados companheiros voltaram por mar às margens do Paraíba, de onde vieram; e o chefe, desamparado dos seus, atravessa agora os vastos sertões do Apodi. Só eu de tantos fiquei, porque estava entre os pitiguaras de Acaracu, na cabana do bravo Poti, irmão de Jacaúna, que plantou comigo a árvore da amizade. Há três sóis partimos para a caça; e perdido dos meus, vim aos campos dos tabajaras.

— Foi algum mau espírito da floresta que cegou o guerreiro branco no escuro da mata — respondeu o ancião.

A cauã piou, além, na extrema do vale. Caía a noite.

Capítulo 4

O Pajé vibrou o maracá e saiu da cabana, porém o estrangeiro não ficou só.

Iracema voltara com as mulheres chamadas para servir o hóspede de Araquém, e os guerreiros vindos para obedecer-lhe.

— Guerreiro branco — disse a virgem —, o prazer embale tua rede durante a noite; e o sol traga luz a teus olhos, alegria à tua alma. — E assim dizendo, Iracema tinha o lábio trêmulo, e úmida a pálpebra.

— Tu me deixas? — perguntou Martim.

— As mais belas mulheres, da grande taba contigo ficam.

— Para elas a filha de Araquém não devia ter conduzido o hóspede à cabana do Pajé.

— Estrangeiro, Iracema não pode ser tua serva. É ela que guarda o segredo da jurema e o mistério do sonho. Sua mão fabrica para o Pajé a bebida de Tupã.

O guerreiro cristão atravessou a cabana e sumiu-se na treva.

A grande taba erguia-se no fundo do vale, iluminada pelos fachos da alegria. Rugia o maracá; ao quebro lento do canto selvagem, batia a dança em torno a rude cadência. O Pajé, inspirado, conduzia o sagrado tripúdio e dizia ao povo crente os segredos de Tupã.

O maior chefe da nação tabajara, Irapuã, descera do alto da serra Ibiapaba, para levar as tribos do sertão contra o inimigo pitiguara. Os guerreiros do vale festejam a vinda do chefe, e o próximo combate.

O mancebo cristão viu longe o clarão da festa; passou além e olhou o céu azul sem nuvens. A estrela morta, que então brilhava sobre a cúpula da floresta, guiou seu passo firme para as frescas margens do rio das garças.

Quando ele transmontou o vale e ia penetrar na mata, surgiu um vulto de Iracema. A virgem seguira o estrangeiro como a brisa sutil que resvala sem murmurejar por entre a ramagem.

— Por quê — disse ela —, o estrangeiro abandona a cabana hospedeira sem levar o presente da volta? Quem fez mal ao guerreiro branco na terra dos tabajaras?

O cristão sentiu quanto era justa a queixa; e achou-se ingrato.

— Ninguém fez mal ao teu hóspede, filha de Araquém. Era o desejo de ver seus amigos que o afastava dos campos dos tabajaras. Não levava o presente da volta; mas leva em sua alma a lembrança de Iracema.

— Se a lembrança de Iracema estivesse n'alma do estrangeiro, ela não o deixaria partir. O vento não leva a areia da várzea, quando a areia bebe a água da chuva. — A virgem suspirou: — Guerreiro branco, espera que Caubi volte da caça. O irmão de Iracema tem o ouvido sutil que pressente a boicininga entre os rumores da mata; e olhar do oitibó que vê melhor nas trevas. Ele te guiará às margens do rio das garças.

— Quanto tempo se passará antes que o irmão de Iracema esteja de volta na cabana de Araquém?

— O sol, que vai nascer, tornará com o guerreiro Caubi aos campos do Ipu.

— Teu hóspede espera, filha de Araquém; mas se o sol tornando não trouxer o irmão de Iracema, ele levará o guerreiro branco à taba dos pitiguaras

Martim voltou à cabana do Pajé.

A alva rede, que Iracema perfumara com a resina do beijoim, guardava-lhe um sono calmo e doce.

O cristão adormeceu ouvindo suspirar entre os murmúrios da floresta, o canto mavioso da virgem indiana.

Capítulo 5

O galo da campina ergue a poupa escarlate fora do ninho. Seu límpido trinado anuncia a aproximação do dia.

Ainda a sombra cobre a terra. Já o povo selvagem colhe as redes na grande taba e caminha para o banho. O velho Pajé que velou toda a noite, falando às estrelas, conjurando os maus espíritos das trevas, entra furtivamente na cabana.

Eis retroa o boré pela amplidão do vale.

Travam das armas os rápidos guerreiros, e correm ao campo. Quando foram todos na vasta ocara circular, Irapuã, o chefe, soltou o grito de guerra:

— Tupã deu à grande nação tabajara toda esta terra. Nós guardamos as serras, donde manam os córregos, com os frescos ipus onde cresce a maniva e o algodão; e abandonamos ao bárbaro potiguara, comedor de camarão, as areias nuas do mar, com os secos tabuleiros sem água e sem florestas. Agora os pescadores da praia, sempre vencidos, deixam vir pelo mar a raça branca dos guerreiros de fogo, inimigos de Tupã. Já os emboabas estiveram no Jaguaribe; logo estarão em nossos campos; e com eles, os potiguaras. Faremos nós, senhores das aldeias, como a pomba, que se encolhe em seu ninho, quando a serpente enrosca pelos galhos?

O irado chefe brande o tacape e o arremessa no meio do campo. Derrubando a fronte, cobre o rúbido olhar:

— Irapuã falou — disse.

O mais moço dos guerreiros avança:

— O gavião paira nos ares. Quando o nambu levanta, ele cai das nuvens e rasga as entranhas da vítima. O guerreiro tabajara, filho da serra, é como o gavião.

Troa e retroa a pocema da guerra.

O jovem guerreiro erguera o tacape; e por sua vez o brandiu. Girando no ar, rápida e ameaçadora, a arma do chefe passou de mão em mão.

O velho Andira, irmão do Pajé, a deixou tombar e calcou no chão, com o pé ágil ainda e firme.

Pasma o povo tabajara da ação desusada. Voto de paz em tão provado e impetuoso guerreiro! É o velho herói, que cresceu na sanha, crescendo nos anos, é o feroz Andira quem derrubou o tacape, núncio da próxima luta?

Incertos todos e mudos escutam:

— Andira, o velho Andira, bebeu mais sangue na guerra do que já beberam cauim nas festas de Tupã, todos quantos guerreiros alumia agora a luz de seus olhos. Ele viu mais combates em sua vida do que luas lhe despiram a fronte. Quanto crânio de potiguara escalpelou sua mão implacável, antes que o tempo lhe arrancasse o primeiro cabelo? E o velho Andira nunca temeu que o inimigo pisasse a terra de seus pais; mas alegrava-se quando ele vinha, e sentia com o faro da guerra a juventude renascer no corpo decrépito, como a árvore seca renasce com o sopro do inverno. A nação tabajara é prudente. Ela deve encostar o tacape da luta para ranger o membi da festa. Celebra, Irapuã, a vinda dos emboabas e deixa que cheguem todos aos nossos campos. Então Andira te promete o banquete da vitória!

Desabriu, enfim, Irapuã a funda cólera:

— Fica tu, escondido entre as igaçabas de vinho, fica, velho morcego, porque temes a luz do dia e só bebes o sangue da vítima que dorme. Irapuã leva a guerra no punho de seu tacape. O terror que ele inspira voa com o rouco som do boré. O potiguara já tremeu ouvindo rugir na serra, mais forte que o ribombo do mar.

Capítulo 6

Martim vai a passo e passo por entre os altos juazeiros que cercam a cabana do Pajé.

Era o tempo em que o doce aracati chega do mar e derrama a deliciosa frescura pelo árido sertão. A planta respira; um suave arrepio erriça a verde coma da floresta.

O cristão contempla o ocaso do sol. A sombra, que desce dos montes e cobre o vale, penetra sua alma. Lembra-se do lugar onde nasceu, dos entes queridos que ali deixou. Sabe ele se tornará a vê-los algum dia?

Em torno carpe a natureza o dia que expira. Soluça a onda trépida e lacrimosa; geme a brisa na folhagem; o mesmo silêncio anela de opresso.

Iracema parou em face do jovem guerreiro:

— É a presença de Iracema que perturba a serenidade no rosto do estrangeiro?

Martim pousou brandos olhos na face da virgem:

— Não, filha de Araquém: tua presença alegra, como a luz da manhã. Foi a lembrança da pátria que trouxe a saudade ao coração pressago.

— Uma noiva te espera?

O forasteiro desviou os olhos. Iracema dobrou a cabeça sobre a espádua, como a tenra palma da carnaúba, quando a chuva peneira na várzea.

— Ela não é mais doce do que Iracema, a virgem dos lábios de mel, nem mais formosa! — murmurou o estrangeiro.

— A flor da mata é formosa quando tem rama que a abrigue, e tronco onde se enlace. Iracema não vive n'alma de um guerreiro: nunca sentiu a frescura do seu sorriso.

Emudeceram ambos, com os olhos no chão, escutando a palpitação dos seios que batiam opressos.

A virgem falou enfim:

— A alegria voltará logo à alma do guerreiro branco; porque Iracema quer que ele veja antes da noite a noiva que o espera.

Martim sorriu do ingênuo desejo da filha do Pajé.

— Vem! — disse a virgem.

Atravessaram o bosque e desceram ao vale. Onde morria a falda da colina, o arvoredo era basto: densa abóbada de folhagem verde-negra cobria o ádito agreste, reservado aos mistérios do rito bárbaro.

Era de jurema o bosque sagrado. Em torno corriam os troncos rugosos da árvore de Tupã; dos galhos pendiam ocultos pela rama escura os vasos do sacrifício; lastravam o chão as cinzas de extinto fogo, que servira à festa da última lua.

Antes de penetrar o recôndito sítio, a virgem que conduzia o guerreiro pela mão, hesitou, inclinando o ouvido sutil aos suspiros da brisa. Todos os ligeiros rumores da mata tinham uma voz para a selvagem filha do sertão. Nada havia porém de suspeito no intenso respiro da floresta.

Iracema fez ao estrangeiro um gesto de espera e silêncio; logo depois desapareceu no mais sombrio do bosque. O sol ainda pairava suspenso no viso da serrania; e já noite profunda enchia aquela solidão.

Quando a virgem tornou, trazia numa folha gotas de verde e estranho licor vazadas da igaçaba, que ela tirara do seio da terra. Apresentou ao guerreiro a taça agreste:

— Bebe!

Martim sentiu perpassar nos olhos o sono da morte; porém logo a luz inundou-lhe os seios d'alma; a força exuberou em seu coração. Reviveu os dias passados melhor do que os tinha vivido: fruiu a realidade de suas mais belas esperanças.

Ei-lo que volta à terra natal, abraça a velha mãe, revê mais lindo e terno o anjo puro dos amores infantis.

Mas por que, mal de volta ao berço da pátria, o jovem guerreiro de novo deixa o teto paterno e demanda o sertão?

Já atravessa as florestas; já chega aos campos do Ipu. Busca na selva a filha do Pajé. Segue o rasto ligeiro da virgem arisca, soltando à brisa com o crebro suspiro o doce nome:

— Iracema! Iracema!...

Já a alcança e cinge-lhe o braço pelo talhe esbelto.

Cedendo à meiga pressão, a virgem reclinou-se ao peito do guerreiro, e ficou ali trêmula e palpitante como a tímida perdiz, quando o terno companheiro lhe arrufa com o bico a macia penugem.

O lábio do guerreiro suspirou mais uma vez o doce nome e soluçou, como se chamara outro lábio amante. Iracema sentiu que sua alma se escapava para embeber-se no ósculo ardente.

A fronte reclinara, e a flor do sorriso expandia-se como o nenúfar ao beijo do sol.

Súbito a virgem tremeu; soltando-se rápida do braço que a cingia, travou do arco.

Capítulo 7

Iracema passou entre as árvores, silenciosa como uma sombra; seu olhar cintilante coava entre as folhas, qual frouxo raio de estrelas; ela escutava o silêncio profundo da noite e aspirava as auras sutis que aflavam. Parou. Uma sombra resvalava entre as ramas; e nas folhas crepitava um passo ligeiro, se não era o roer de algum inseto. A pouco e pouco o tênue rumor foi crescendo e a sombra avultou.

Era um guerreiro. De um salto a virgem estava em face dele, trêmula de susto e mais de cólera.

— Iracema! — exclamou o guerreiro recuando.

— Anhanga turbou sem dúvida o sono de Irapuã, que o trouxe perdido ao bosque da jurema, onde nenhum guerreiro penetra contra a vontade de Araquém.

— Não foi Anhanga, mas a lembrança de Iracema, que turbou o sono do primeiro guerreiro tabajara. Irapuã desceu do seu ninho de águia para seguir na várzea a garça do rio. Chegou, e Iracema fugiu de seus olhos. As vozes da taba contaram ao ouvido do chefe que um estrangeiro era vindo à cabana de Araquém.

A virgem estremeceu. O guerreiro cravou nela o olhar abrasado:

— O coração aqui no peito de Irapuã, ficou tigre. Pulou de raiva. Veio farejando a presa. O estrangeiro está no bosque, e Iracema o acompanhava. Quero beber-lhe o sangue todo: quando o sangue do guerreiro branco correr nas veias do chefe tabajara, talvez o ame a filha de Araquém.

A pupila negra da virgem cintilou na treva, e de seu lábio borbulhou, como gotas do leite cáustico de eufórbia, um sorriso de desprezo:

— Nunca Iracema daria seu seio, que o espírito de Tupã habita só, ao guerreiro mais vil dos guerreiros tabajaras! Torpe é o morcego, porque foge da luz e bebe o sangue da vítima adormecida!

— Filha de Araquém, não assanha o jaguar. O nome de Irapuã voa mais longe que o goaná do lago, quando sente a chuva além das serras. Que o guerreiro branco venha, e o seio de Iracema se abra para o vencedor.

— O guerreiro branco é hóspede de Araquém. A paz o trouxe aos campos de Ipu, a paz o guarda. Quem ofender o estrangeiro, ofende o Pajé.

Rugiu de sanha o chefe tabajara:

— A raiva de Irapuã só ouve agora o grito de vingança. O estrangeiro vai morrer.

— A filha de Araquém é mais forte que o chefe dos guerreiros — disse Iracema travando da inúbia. — Ela tem aqui a voz de Tupã, que chama seu povo.

— Mas não chamará! — respondeu o chefe escarnecendo

— Não, porque Irapuã vai ser punido pela mão de Iracema. Seu primeiro passo é o passo da morte.

A virgem retraiu dum salto o avanço que tomara, e vibrou o arco. O chefe cerrou ainda o punho do formidável tacape; mas pela vez primeira sentiu que pesava ao braço robusto. O golpe que devia ferir Iracema, ainda não alçado, já lhe trespassava, a ele próprio, o coração.

Conheceu quanto o varão forte é, pela sua mesma fortaleza, mais cativo das grandes paixões.

— A sombra de Iracema não esconderá sempre o estrangeiro à vingança de Irapuã. Vil é o guerreiro, que se deixa proteger por uma mulher.

Dizendo estas palavras, o chefe desapareceu entre as árvores.

A virgem sempre alerta volveu para o cristão adormecido; e velou o resto da noite a seu lado. As emoções recentes, que agitaram sua alma, a abriram ainda mais à doce afeição, que iam filtrando nela os olhos do estrangeiro.

Desejava abrigá-lo contra todo o perigo, recolhê-lo em si como em um asilo impenetrável. Acompanhando o pensamento, seus braços cingiam a cabeça do guerreiro, e a apertavam ao seio.

Mas, quando passou a alegria de o ver salvo dos perigos da noite, entrou-a mais viva inquietação, com a lembrança dos novos perigos que iam surgir.

— O amor de Iracema é como o vento dos areais; mata a flor das árvores — suspirou a virgem.

E afastou-se lentamente.

Capítulo 8

A alvorada abriu o dia e os olhos do guerreiro branco. A luz da manhã dissipou os sonhos da noite, e arrancou de sua alma a lembrança do que sonhara. Ficou apenas um vago sentir, como fica na moita o perfume da flor que o vento da serra desfolha na madrugada.

Não sabia onde estava.

À saída do bosque sagrado encontrou Iracema: a virgem reclinava num tronco áspero do arvoredo; tinha os olhos no chão; o sangue fugira das faces; o coração lhe tremia nos lábios, como gota de orvalho nas folhas do bambu.

Não tinha sorrisos, nem cores, a virgem indiana: não tem borbulhas, nem rosas, a acácia que o sol crestou; não tem azul, nem estrelas, a noite que enlutam os ventos.

— As flores da mata já abriram aos raios do sol; as aves já cantaram — disse o guerreiro. — Por que só Iracema curva a fronte e emudece?

A filha do Pajé estremeceu. Assim estremece a verde palma, quando a haste frágil foi abalada; rorejam do espato as lágrimas da chuva, e os leques ciciam brandamente.

— O guerreiro Caubi vai chegar à taba de seus irmãos. O estrangeiro poderá partir com o sol que vem nascendo.

— Iracema quer ver o estrangeiro fora dos campos dos tabajaras; então a alegria voltará a seu seio.

— A juruti, quando a árvore seca, foge do ninho em que nasceu. Nunca mais a alegria voltará ao seio de Iracema: ela vai ficar, como o tronco nu, sem ramas, nem sombras.

Martim amparou o corpo trêmulo da virgem; ela reclinou lânguida sobre o peito do guerreiro, como o tenro pâmpano da baunilha que enlaça o rijo galho do angico.

O mancebo murmurou:

— Teu hóspede fica, virgem dos olhos negros: ele fica para ver abrir em tuas faces a flor da alegria, e para sorver, como o colibri, o mel de teus lábios.

Iracema soltou-se dos braços do mancebo, e olhou-o com tristeza:

— Guerreiro branco, Iracema é filha do Pajé, e guarda o segredo da jurema. O guerreiro que possuísse a virgem de Tupã morreria.

— E Iracema?

— Pois que tu morrias!...

Esta palavra foi como um sopro de tormenta. A cabeça do mancebo vergou e pendeu sobre o peito; mas logo se ergueu.

— Os guerreiros de meu sangue trazem a morte consigo, filha dos tabajaras. Não a temem para si, não a poupam para o inimigo. Mas nunca fora do combate eles deixarão aberto o camocim da virgem na taba de seu hóspede. A verdade falou pela boca de Iracema. O estrangeiro deve abandonar os campos dos tabajaras.

— Deve — respondeu a virgem como um eco. — Depois a sua voz suspirou: — O mel dos lábios de Iracema é como o favo que a abelha fabrica no tronco da andiroba: tem na doçura o veneno. A virgem dos olhos azuis e dos cabelos do sol guarda para seu guerreiro na taba dos brancos o mel da açucena.

Martim afastou-se rápido; mas voltou lentamente. A palavra tremia em seu lábio:

— O estrangeiro partirá para que o sossego volte ao seio da virgem.

— Tu levas a luz dos olhos de Iracema e a flor de sua alma.

Reboa longe na selva um clamor estranho. Os olhos do mancebo alongam-se.

— É o grito de alegria do guerreiro Caubi — disse a virgem. — O irmão de Iracema anuncia que é chegado aos campos dos tabajaras.

— Filha de Araquém, guia teu hóspede à cabana. É tempo de partir.

Eles caminharam par a par, como dois jovens cervos que ao pôr do sol atravessam a capoeira recolhendo ao aprisco de onde lhes traz a brisa um faro suspeito.

Quando chegavam perto dos juazeiros, viram que passava além o guerreiro Caubi, vergando os ombros robustos ao peso da caça. Iracema caminhou para ele.

O estrangeiro entrou só na cabana.

Capítulo 9

O sono da manhã pousava nos olhos do Pajé como névoas de bonança pairam ao romper do dia sobre as profundas cavernas da montanha.

Martim parou indeciso; mas o rumor de seu passo penetrou no ouvido do ancião e abalou seu corpo decrépito.

— Araquém dorme! — murmurou o guerreiro devolvendo o passo.

O velho ficou imóvel:

— O Pajé dorme porque já Tupã voltou o rosto para a terra e a luz correu os maus espíritos da treva. Mas o sono é leve nos olhos de Araquém, como o fumo do sapé no cocuruto da serra. Se o estrangeiro veio para o Pajé, fale; seu ouvido escuta.

— O estrangeiro veio para te anunciar que parte.

— O hóspede é senhor na cabana de Araquém; todos os caminhos estão abertos para ele. Tupã o leve à taba dos seus.

Vieram Caubi e Iracema:

— Caubi voltou — disse o guerreiro tabajara. — Traz a Araquém o melhor de sua caça.

— O guerreiro Caubi é um grande caçador de montes e florestas. Os olhos de seu pai gostam de vê-lo.

O velho abriu as pálpebras e cerrou-as logo:

— Filha de Araquém, escolhe para teu hóspede o presente da volta e prepara o moquém da viagem. Se o estrangeiro precisa de guia, o guerreiro Caubi, senhor do caminho, o acompanhará.

O sono voltou aos olhos do Pajé.

Enquanto Caubi pendurava no fumeiro as peças de caça, Iracema colheu a sua alva rede de algodão com franjas de penas, e acomodou-a dentro do uru de palha trançada.

Martim esperava na porta da cabana. A virgem veio a ele:

— Guerreiro, que levas o sono de meus olhos, leva a minha rede também. Quando nela dormires, falem em tua alma os sonhos de Iracema.

— Tua rede, virgem dos tabajaras, será minha companheira no deserto: venha embora o vento frio da noite, ela guardará para o estrangeiro o calor e o perfume do seio de Iracema.

Caubi saiu para ir à sua cabana, que ainda não tinha visto depois da volta. Iracema foi preparar o moquém da viagem. Ficaram sós na cabana o Pajé que ressonava, e o mancebo com sua tristeza.

O sol, transmontando, já começava a declinar para o ocidente, quando o irmão de Iracema tornou da grande taba.

— O dia vai ficar triste — disse Caubi. — A sombra caminha para a noite. É tempo de partir.

A virgem pousou a mão de leve no punho da rede de Araquém.

— Ele vai! — murmuraram os lábios trêmulos.

O Pajé levantou-se em pé no meio da cabana e acendeu o cachimbo. Ele e o mancebo trocaram a fumaça da despedida.

— Bem-vindo seja o hóspede, como foi bem-vindo à cabana de Araquém.

O velho andou até à porta para soltar ao vento uma espessa baforada de tabaco; quando o fumo se dissipou no ar, ele murmurou:

— Jurupari se esconda para deixar passar o hóspede do Pajé.

Araquém voltou à rede e dormiu de novo. O mancebo tomou as armas que chegando, suspendera às varas da cabana, e dispôs-se a partir.

Adiante seguiu Caubi; a alguma distância o estrangeiro; logo após, Iracema.

Desceram a colina e entraram na mata sombria. O sabiá do sertão, mavioso cantor da tarde, escondido nas moitas espessas da ubaia, soltava os prelúdios da suave endecha.

A virgem suspirou:

— A tarde é a tristeza do sol. Os dias de Iracema vão ser longas tardes sem manhã, até que venha para ela a grande noite.

O mancebo se voltara. Seu lábio emudeceu, mas os olhos falaram. Uma lágrima correu pela face guerreira, como as umidades que durante os ardores do estio transudam da escarpa dos rochedos.

Caubi, avançando sempre, sumira-se entre a densa ramagem.

O seio da filha de Araquém arfou, como o esto da vaga que se franja de espuma e soluça. Mas sua alma, negra de tristura, teve ainda um pálido reflexo para iluminar a seca flor das faces. Assim em noite escura vem um fogo-fátuo luzir nas brancas areias do tabuleiro.

— Estrangeiro, toma o último sorriso de Iracema... e foge!

A boca do guerreiro pousou na boca mimosa da virgem. Ficaram ambos assim unidos como dois frutos gêmeos do araçá, que saíram do seio da mesma flor.

A voz de Caubi chamou o estrangeiro. Iracema abraçou para não cair, o tronco de uma palmeira.

Capítulo 10

Na cabana silenciosa medita o velho Pajé.

Iracema está apoiada no tronco rudo, que serve de esteio. Os grandes olhos negros, fitos nos recortes da floresta e rasos de pranto, estão naqueles olhares longos e trêmulos enfiando e desfiando os alfajôres das lágrimas, que rorejam as faces.

A ará, pousada no jirau fronteiro, alonga para sua formosa senhora os verdes tristes olhos. Desde que o guerreiro branco pisou a terra dos tabajaras, Iracema a esqueceu.

Os róseos lábios da virgem não se abriram mais para que ela colhesse entre eles a polpa da fruta ou a papa do milho verde; nem a doce mão a afagara uma só vez, alisando a dourada penugem da cabeça.

Se repetia o mavioso nome da senhora, o sorriso de Iracema já não se voltava para ela, nem o ouvido parecia escutar a voz da companheira e amiga, que dantes tão suave era ao seu coração.

Triste dela! A gente tupi a chamava jandaia, porque sempre alegre estrugia os campos com seu canto fremente. Mas agora, triste e muda, desdenhada de sua senhora, não parecia mais a linda jandaia, e sim o feio urutau que somente sabe gemer.

O sol remontou a umbria das serras; seus raios douravam apenas o viso das eminências.

A surdina merencória da tarde, precedendo o silêncio da noite, começava de velar os crebros rumores do campo. Uma ave noturna, talvez iludida com a sombra mais espessa do bosque, desatou o estrídulo.

O velho ergueu a fronte calva:

— Foi o canto da inhuma que acordou o ouvido de Araquém? — disse ele admirado.

A virgem estremecera, e já fora da cabana, voltou-se, para responder à pergunta do Pajé:

— É o grito de guerra do guerreiro Caubi!

Quando o segundo pio da inhuma ressoou, Iracema corria na mata como a corça perseguida pelo caçador. Só respirou chegando à campina, que recortava o bosque, como um grande lago.

Quem seus olhos primeiro viram, Martim, estava tranquilamente sentado em uma sapopema, olhando o que passava ali. Contra, cem guerreiros tabajaras, com Irapuã à frente, formavam arco. O bravo Caubi os afrontava a todos, com o olhar cheio de ira e as armas valentes empunhadas na mão robusta.

O chefe exigira a entrega do estrangeiro, e o guia respondera simplesmente:

— Matai Caubi antes.

A filha do Pajé passara como uma flecha: ei-la diante de Martim, opondo também seu corpo gentil aos golpes dos guerreiros. Irapuã soltou o bramido da onça atacada na furna.

— Filha do Pajé — disse Caubi em voz baixa: — conduz o estrangeiro à cabana: só Araquém pode salvá-lo.

Iracema voltou-se para o guerreiro branco:

— Vem!

Ele ficou imóvel.

— Se tu não vens — disse a virgem —, Iracema morrerá contigo.

Martim ergueu-se; mas longe de seguir a virgem, caminhou direito a Irapuã. Sua espada flamejou no ar.

— Os guerreiros de meu sangue, chefe, jamais recusaram combate. Se aquele que tu vês não foi o primeiro a provocá-lo, é porque seus pais lhe ensinaram a não derramar sangue na terra hospedeira.

O chefe tabajara rugiu de alegria; sua mão possante brandiu o tacape. Mas os dois campeões mal tiveram tempo de medir-se com os olhos; quando fendiam o primeiro golpe, já Caubi e Iracema estavam entre eles.

A filha de Araquém debalde rogava ao cristão, debalde o cingia nos braços buscando arrancá-lo ao combate. De seu lado, Caubi em vão provocava Irapuã para atrair a si a raiva do chefe.

A um gesto de Irapuã, os guerreiros afastaram os dois irmãos; o combate prosseguiu.

De repente o rouco som da inúbia reboou pela mata; os filhos da serra estremeceram reconhecendo o estrídulo do búzio guerreiro dos pitiguaras, senhores das praias ensombradas de coqueiros. O eco vinha da grande taba, que o inimigo talvez assaltava já.

Os guerreiros precipitaram, levando por diante o chefe. Com o estrangeiro só ficou a filha de Araquém.

Capítulo 11

Os guerreiros tabajaras, acorridos à taba, esperavam o inimigo diante da caiçara.

Não vindo ele, saíram a buscá-lo.

Bateram as matas em torno e percorreram os campos; nem vestígios encontraram da passagem dos pitiguaras; mas o conhecido frêmito do búzio das praias tinha ressoado ao ouvido dos guerreiros da montanha; não havia dúvidas.

Suspeitou Irapuã que fosse um ardil da filha de Araquém para salvar o estrangeiro, e caminhou direito à cabana do Pajé. Como trota o guará pela orla da mata, quando vai seguindo o rasto da presa escápula, assim estugava o passo o sanhudo guerreiro.

Araquém viu entrar em sua cabana o grande chefe da nação tabajara, e não se moveu. Sentado na rede, com as pernas cruzadas, escutava Iracema. A virgem referia os sucessos da tarde; avistando a figura sinistra de Irapuã, saltou sobre o arco e uniu-se ao flanco do jovem guerreiro branco.

Martim a afastou docemente de si, e promoveu o passo.

A proteção, de que o cercava, a ele guerreiro, a virgem tabajara, o desgostava.

— Araquém, a vingança dos tabajaras espera o guerreiro branco; Irapuã veio buscá-lo.

— O hóspede é amigo de Tupã: quem ofender o estrangeiro, ouvirá rugir o trovão.

— O estrangeiro foi quem ofendeu a Tupã, roubando sua virgem, que guarda os sonhos da jurema.

— Tua boca mente como o ronco da jiboia — exclamou Iracema. Martim disse:

— Irapuã é vil e indigno de ser chefe de guerreiros valentes!

O Pajé falou grave e lento:

— Se a virgem abandonou ao guerreiro branco a flor de seu corpo, ela morrerá; mas o hóspede de Tupã é sagrado; ninguém o ofenderá; Araquém o protege.

Irapuã bramiu; o grito rouco troou nas arcas do peito, como o frêmito da sucuri na profundeza do rio.

— A raiva de Irapuã não pode mais ouvir-te, velho Pajé! Caia ela sobre ti, se ousares subtrair o estrangeiro à vingança dos tabajaras.

O velho Andira, irmão do Pajé, entrou na cabana; trazia no punho o terrível tacape; e nos olhos uma sanha ainda mais terrível.

— O morcego vem te chupar o sangue, Irapuã, se é que tens sangue e não lama nas veias, tu que ameaças em sua cabana o velho Pajé.

Araquém afastou o irmão:

— Paz e silêncio, Andira.

O Pajé desenvolvera a alta e magra estatura, como a caninana assanhada, que se enrista sobre a cauda, para afrontar a vítima em face. Afundaram-lhe as rugas; e repuxando as peles engelhadas, esbugalharam os dentes alvos e afilados:

— Ousa um passo mais, e as iras de Tupã te esmagarão sob o peso desta mão seca e mirrada!

— Neste momento, Tupã não é contigo! — replicou o chefe.

O Pajé riu; e seu riso sinistro reboou pelo espaço como o regougo da ariranha.

— Ouve seu trovão e treme em teu seio, guerreiro, como a terra em sua profundeza.

Araquém, proferindo essa palavra terrível, avançou até o meio da cabana; ali ergueu a grande pedra e calcou o pé com força no chão; súbito, abriu-se a terra. Do antro profundo saiu um medonho gemido, que parecia arrancado das entranhas do rochedo.

Irapuã não tremeu, nem enfiou de susto; mas sentiu turvar-se a luz nos olhos, e a voz nos lábios.

— O senhor do trovão é por ti; o senhor da guerra será por Irapuã — disse o chefe.

O torvo guerreiro deixou a cabana; em pouco seu grande vulto mergulhou nas sombras do crepúsculo.

O Pajé e seu irmão travaram a prática na porta da cabana.

Ainda surpreso do que vira, Martim não tirava os olhos da funda cava, que a planta do velho Pajé abrira no chão da cabana. Um surdo rumor, como o eco das ondas quebrando nas praias, ruidava ali.

Cismava o guerreiro cristão; ele não podia crer que o deus dos tabajaras desse a seu sacerdote tamanho poder.

Percebendo o que passava n'alma do estrangeiro, Araquém acendeu o cachimbo e travou do maracá:

— É tempo de aplacar as iras de Tupã e calar a voz do trovão.

Disse e partiu da cabana.

Iracema achegou-se então do mancebo; levava os lábios em riso, os olhos em júbilo:

— O coração de Iracema está como o abati d'água do rio. Ninguém fará mal ao guerreiro branco na cabana de Araquém.

— Arreda-te do inimigo, virgem dos tabajaras — respondeu o estrangeiro com aspereza de voz.

Voltando brusco para o lado oposto, furtou o semblante aos olhos ternos e queixosos da virgem.

— Que fez Iracema, para que o guerreiro branco desvie seus olhos, como se ela fora o verme da terra?

As falas da virgem ressoaram docemente no coração de Martim. Assim ressoam os murmúrios da aragem nas frondes da palmeira. Teve o mancebo desgosto de si, e pena dela:

— Não ouves tu, virgem formosa? — exclamou ele, apontando para o antro fremente.

— É a voz de Tupã!

— Teu deus falou pela boca do Pajé: "Se a virgem de Tupã abandonar ao estrangeiro a flor de seu corpo, ela morrerá!"

Iracema pendeu a fronte abatida:

— Não é a voz de Tupã que ouve teu coração, guerreiro de longes terras, é o canto da virgem loura, que te chama!

O rumor estranho que saía das profundezas da terra apagou-se de repente: fez-se na cabana tão grande silêncio, que ouvia-se pulsar o sangue na artéria do guerreiro, e tremer o suspiro no lábio da virgem.

Capítulo 12

O dia enegreceu; era noite já.

O Pajé tornara à cabana; sopesando de novo a grossa laje, fechou com ela a boca do antro. Caubi chegara também da grande taba, onde com seus irmãos guerreiros, se recolhera depois que bateram a floresta, em busca do inimigo pitiguara.

No meio da cabana, entre as redes armadas em quadro, estendeu Iracema a esteira da carnaúba, e sobre ela serviu os restos da caça e a provisão de vinhos da última lua. Só o guerreiro tabajara achou sabor na ceia, porque o fel do coração que a tristeza espreme não amargurara seu lábio.

O Pajé enchia o cachimbo da erva de Tupã; o estrangeiro respirava o ar puro da noite para refrescar o sangue efervescente, a virgem destilava sua alma como o mel de um favo nos crebros soluços que lhe estalavam entre os lábios trêmulos.

Já partiu Caubi para a grande taba; o Pajé traga as baforadas do fumo, que prepara o mistério do rito sagrado.

Levanta-se no ressono da noite um grito vibrante que remonta ao céu.

Ergue Martim a fronte e inclina o ouvido. Outro clamor semelhante ressoa. O guerreiro murmura, que o ouça a virgem e só ela:

— Escutou, Iracema, cantar a gaivota?

— Iracema escutou o grito de uma ave que ela não conhece.

— É a atiati, a garça do mar, e tu és a virgem da serra, que nunca desceu às alvas praias onde arrebentam as vagas.

— As praias são dos pitiguaras, senhores das palmeiras.

Os guerreiros da grande nação que habitava as bordas do mar, se chamavam a si mesmos pitiguaras, senhores dos vales; mas os tabajaras, seus inimigos, por escárnio os apelidavam potiguaras, comedores de camarão.

Temeu Iracema ofender o guerreiro branco; por isso, falando dos pitiguaras, não lhes recusou o nome guerreiro que eles haviam tomado para si.

O estrangeiro reteve por um instante a palavra no lábio prudente, enquanto refletia:

— O canto da gaivota é o grito de guerra do valente Poti, amigo de teu hóspede!

A virgem estremeceu por seus irmãos. A fama do bravo Poti, irmão de Jacaúna, subiu das ribeiras do mar ao cimo da Ibiapaba; rara é a cabana onde já não rugiu contra ele o grito da vingança, porque cada golpe do válido tacape deitou um guerreiro tabajara em seu camucim.

Cuidou Iracema que Poti vinha à frente de seus guerreiros para livrar o amigo. Era ele sem dúvida que fizera retroar o búzio das praias, no momento do combate. Foi com um tom misturado de doçura e tristeza que replicou:

— O estrangeiro está salvo; os irmãos de Iracema vão morrer, porque ela não falará.

— Saia essa tristeza de tua alma. O estrangeiro partindo-se de teus campos, virgem tabajara, não deixará neles rasto de sangue, como o tigre esfaimado.

Iracema tomou a mão do guerreiro branco e beijou-a.

— Teu sorriso, filha do Pajé, apagou a lembrança do mal que eles me querem.

Martim ergueu-se e caminhou para a porta.

— Onde vai o guerreiro branco?

— Ao encontro de Poti.

— O hóspede de Araquém não pode sair desta cabana, porque os guerreiros de Irapuã o matarão.

— Um guerreiro só pede proteção a Deus e a suas armas. Não carece que o defendam os velhos e as mulheres.

— Que vale um guerreiro só contra mil guerreiros? Valente e forte é o tamanduá, que mordem os gatos selvagens por serem muitos e o acabam. Tuas armas só chegam até onde mede a sombra de teu corpo; as armas deles voam alto e direito como o anajê.

— Todo o guerreiro tem seu dia.

— Não queres tu que morra Iracema, e queres que ela te deixe morrer!

Martim ficou perplexo.

— Iracema irá ao encontro do chefe pitiguara e trará a seu hóspede as falas do guerreiro amigo.

Saiu enfim o Pajé da sua contemplação. O maracá rugiu-lhe na destra; tiniram os guizos com o passo hirto e lento.

Chamou ele a filha de parte:

— Se os guerreiros de Irapuã vierem contra a cabana, levanta a pedra e esconde o estrangeiro no seio da terra.

— O hóspede não deve ficar só; espere que volte Iracema. Ainda não cantou a inhuma.

Tornou a sentar-se na rede o velho. A virgem partiu, cerrando a porta da cabana.

Capítulo 13

Avança a filha de Araquém nas trevas; para e escuta. O grito da gaivota terceira vez ressoa a seu ouvido; vai direito ao lugar donde partiu; chega à borda de um tanque; seu olhar investiga a escuridão, e nada vê do que busca.

A voz maviosa, débil como sussurro de colibri, murmura:

— Guerreiro Poti, teu irmão branco te chama pela boca de Iracema.

Só o eco respondeu-lhe.

— A filha de teus inimigos vem a ti, porque o estrangeiro te ama, e ela ama o estrangeiro.

Fendeu-se a lisa face do lago e um vulto se mostra, que nada para a margem, e surge fora.

— Foi Martim, que te mandou, pois tu sabes o nome de Poti, seu irmão na guerra.

— Fala, chefe pitiguara; o guerreiro branco espera.

— Torna a ele e diz que Poti é chegado para o salvar.

— Ele sabe; e mandou-me a ti.

— As falas de Poti sairão de sua boca para o ouvido de seu irmão.

— Espera então que Araquém parta e a cabana fique deserta; eu te guiarei à presença do estrangeiro.

— Nunca, filha dos tabajaras, um guerreiro pitiguara passou a soleira da cabana inimiga, se não foi como vencedor. Conduz aqui o guerreiro do mar.

— A vingança de Irapuã fareja em roda da cabana de Araquém. Trouxe o irmão do estrangeiro bastantes guerreiros pitiguaras para o defender e salvar?

Poti refletiu:

— Conta, virgem das serras, o que sucedeu em teus campos depois que a eles chegou o guerreiro do mar.

Referiu Iracema como a cólera de Irapuã se havia assanhado contra o estrangeiro, até que a voz de Tupã, chamada pelo Pajé, tinha acalmado seu furor:

— A raiva de Irapuã é como a andira: foge da luz e voa nas trevas.

A mão de Poti cerrou súbito os lábios da virgem; sua fala parecia um sopro:

— Suspende a voz e o respiro, virgem das florestas; o ouvido inimigo escuta na sombra.

As folhas crepitavam de manso, como se por elas passasse a fragueira nambu. Um rumor, partido da orla da mata, vinha discorrendo pelo vale.

O valente Poti, resvalando pela relva, como o ligeiro camarão, de que ele tomara o nome e a viveza, desapareceu no lago profundo. A água não soltou um murmúrio, e cerrou sobre ele sua onda límpida.

Iracema voltou à cabana; em meio do caminho perceberam seus olhos as sombras de muitos guerreiros que rojavam pelo chão como a intanha.

Vendo-a entrar, Araquém partiu.

A virgem tabajara contou a Martim o que ouvira de Poti; o guerreiro cristão ergueu-se de um ímpeto para correr em defesa de seu irmão pitiguara. Cingiu-lhe Iracema o colo com os lindos braços:

— O chefe não carece de ti: ele é filho das águas; as águas o protegem. Mais tarde o estrangeiro escutará as falas do amigo.

— Iracema, é tempo que teu hóspede deixe a cabana do Pajé e os campos dos tabajaras. Ele não tem medo dos guerreiros de Irapuã: tem medo dos olhos da virgem de Tupã.

— Estes fugirão de ti.

— Fuja deles o estrangeiro, como o oitibó da estrela da manhã.

Martim promoveu o passo.

— Vai, guerreiro ingrato; vai matar teu irmão primeiro, depois a ti. Iracema te seguirá até aos campos alegres onde vão as sombras dos que morrem.

— Matar meu irmão, dizes tu, virgem cruel.

— Teu rasto guiará o inimigo aonde se oculta o guerreiro do vale.

O cristão estacou em meio da cabana; e ali permaneceu mudo e quedo. Iracema, receosa de fitá-lo, punha os olhos na sombra do guerreiro que a chama projetava na vetusta parede da cabana.

O cão felpudo, deitado no borralho, deu sinal de aproximar-se gente amiga. A porta entretecida dos talos da carnaúba foi aberta por fora. Caubi entrou.

— O cauim perturbou o espírito dos guerreiros; eles vêm contra o estrangeiro.

A virgem ergueu-se de um ímpeto:

— Levanta a pedra que fecha a garganta de Tupã, para que ela esconda o estrangeiro.

O guerreiro tabajara, sopesando a laje enorme, emborcou-a no chão.

— Filho de Araquém, deita-te na porta da cabana, e nunca mais te levantes da terra, se um guerreiro passar por cima de teu corpo.

Caubi obedeceu; a virgem cerrou a porta.

Decorreu breve trato. Ressoa perto o estrupido dos guerreiros; travam-se as vozes iradas de Irapuã e Caubi.

— Eles vêm; mas Tupã salvará seu hóspede.

Nesse instante, como se o deus do trovão ouvisse as palavras de sua virgem, o antro, mudo em princípio, retroou surdamente.

— Ouve! É a voz de Tupã.

Iracema cerra a mão do guerreiro e o leva à borda do antro. Somem-se ambos nas entranhas da terra.

Capítulo 14

Os guerreiros tabajaras, excitados com as copiosas libações do espumante cauim, se inflamam à voz de Irapuã que tantas vezes os guiou ao combate, quantas à vitória.

Aplaca o vinho a sede do corpo, mas acende outra sede maior na alma feroz. Rugem vinganças contra o estrangeiro audaz que afrontando suas armas, ofende o deus de seus pais e o chefe de guerra, o primeiro varão tabajara.

Lá tripudiam de furor e arremetem pelas sombras; a luz vermelha do ubiratã, que brilha ao longe, os guia à cabana de Araquém. De espaço em espaço erguem-se do chão os que primeiro vieram para vigiar o inimigo.

— O Pajé está na floresta! — murmuram eles.

— E o estrangeiro? — pergunta Irapuã.

— Na cabana com Iracema.

Lança o grande chefe terrível salto; já é chegado à porta da cabana, e com ele seus valentes guerreiros.

O vulto de Caubi enche o vão da porta; suas armas guardam diante dele o espaço de um bote do maracajá.

— Vis guerreiros são aqueles que atacam em bando como os caititus. O jaguar, senhor da floresta, e o anajê, senhor das nuvens, combatem só o inimigo.

— Morda o pó a boca torpe que levanta a voz contra o mais valente guerreiro dos guerreiros tabajaras.

Proferidas estas palavras, ergue o braço de Irapuã o rígido tacape, mas estaca no ar; as entranhas da terra outra vez rugem, como rugiram, quando Araquém acordou a voz tremenda de Tupã.

Levantam os guerreiros medonho alarido, e cercando seu chefe, o arrebatam ao funesto lugar e à cólera de Tupã, contra eles concitado.

Caubi estende-se de novo na soleira da porta; seus olhos adormecem; mas o ouvido sutil vela no sono.

A voz de Tupã emudeceu.

Iracema e o cristão, perdidos nas entranhas da terra, descem a gruta profunda. Súbito, uma voz que vinha reboando pela crasta, encheu seus ouvidos:

— O guerreiro do mar escuta a fala de seu irmão?

— É Poti, o amigo de teu hóspede — disse o cristão para a virgem.

Iracema estremeceu:

— Ele fala pela boca de Tupã.

Martim respondeu enfim ao pitiguara.

— As falas de Poti entram n'alma de seu irmão.

— Nenhum outro ouvido escuta?

— Os da virgem que duas vezes em um sol defendeu a vida de teu irmão!

— A mulher é fraca; o tabajara traidor, e o irmão de Jacaúna prudente.

Iracema suspirou e pousou a cabeça no peito do mancebo:

— Senhor de Iracema, cerra seus ouvidos para que ela não ouça.

Martim repeliu docemente a gentil fronte:

— Fale o chefe pitiguara; só o escutam ouvidos amigos e fiéis.

— Tu ordenas, Poti fala. Antes que o sol se levante na serra, o guerreiro do mar deve partir para as margens do ninho das garças; a estrela morta o guiará. Nenhum tabajara o seguirá, porque a inúbia dos pitiguaras rugirá da banda da serra.

— Quantos guerreiros pitiguaras acompanham seu chefe valente?

— Nenhum; Poti veio só com suas armas. Quando os espíritos maus das florestas separaram o guerreiro do mar de seu irmão, Poti veio em seguimento do rasto. Seu coração não deixou que voltasse para chamar os guerreiros de sua taba; mas expediu o cão fiel ao grande Jacaúna.

— O chefe pitiguara está só; não deve rugir a inúbia que chamará contra si todos os guerreiros tabajaras.

— É preciso para salvar o irmão branco; Poti zombará de Irapuã, como zombou quando combatiam cem contra ti.

A filha do Pajé que ouvia calada, debruçou-se ao ouvido do cristão:

— Iracema quer te salvar e a teu irmão; ela tem seu pensamento. O chefe pitiguara é valente e audaz; Irapuã é manhoso e traiçoeiro como a acauã. Antes que chegues à floresta, cairás; e teu irmão da outra banda cairá contigo.

— Que fará a virgem tabajara para salvar o estrangeiro e seu irmão? — perguntou Martim.

— Mais um sol e outro, e a lua das flores vai nascer. É o tempo da festa, em que os guerreiros tabajaras passam a noite no bosque sagrado, e recebem do Pajé os sonhos alegres. Quando estiverem todos adormecidos, o guerreiro branco deixará os campos de Ipu, e os olhos de Iracema, mas sua alma, não.

Martim estreitou a virgem ao seio; mas logo a repeliu. O toque de seu corpo, doce como a açucena da mata, e macio como o ninho do beija-flor, magoou seu coração, porque lhe recordou as palavras terríveis do Pajé.

A voz do cristão transmitiu a Poti o pensamento de Iracema; o chefe pitiguara, prudente como o tamanduá, pensou e respondeu:

— A sabedoria falou pela boca da virgem tabajara. Poti espera o nascimento da lua.

Capítulo 15

Nasceu o dia e expirou.

Já brilha na cabana de Araquém o fogo, companheiro da noite. Correm lentas e silenciosas no azul do céu, as estrelas, filhas da lua, que esperam a volta da mãe ausente.

Martim se embala docemente; e como a alva rede que vai e vem, sua vontade oscila de um a outro pensamento. Lá o espera a virgem loura dos castos afetos; aqui lhe sorri a virgem morena dos ardentes amores.

Iracema recosta-se langue ao punho da rede; seus olhos negros e fúlgidos, ternos olhos de sabiá, buscam o estrangeiro e lhe entram n'alma. O cristão sorri; a virgem palpita; como o saí, fascinado pela serpente, vai declinando o lascivo talhe, que se prostra sobre o peito do guerreiro.

Já o estrangeiro a preme ao seio; e o lábio ávido busca o lábio que o espera, para celebrar nesse ádito d'alma, o himeneu do amor.

No recanto escuro o velho Pajé, imerso em funda contemplação e alheio às coisas deste mundo, soltou um gemido doloroso. Pressentira o coração o que não viram os olhos? Ou foi algum funesto presságio para a raça de seus filhos, que assim ecoou n'alma de Araquém?

Ninguém o soube.

O cristão repeliu do seio a virgem indiana. Ele não deixará o rasto da desgraça na cabana hospedeira. Cerra os olhos para não ver; e enche sua alma com o nome e a veneração de seu Deus:

— Cristo!... Cristo!...

Volta a serenidade ao seio do guerreiro branco, mas todas as vezes que seu olhar pousa sobre a virgem tabajara, ele sente correr-lhe pelas veias uma onda de ardente chama. Assim quando a criança imprudente revolve o brasido de intenso fogo, saltam as faúlhas inflamadas que lhe queimam as faces.

Fecha os olhos o cristão, mas na sombra de seu pensamento surge a imagem da virgem, talvez mais bela. Embalde chama o sono às pálpebras fatigadas; abrem-se, malgrado seu.

Desce-lhe do céu ao atribulado pensamento uma inspiração.

— Virgem formosa do sertão, esta é a ultima noite que teu hóspede dorme na cabana de Araquém, onde nunca viera, para teu bem e seu. Faze que seu sono seja alegre e feliz.

— Manda; Iracema te obedece. Que pode ela para tua alegria?

O cristão falou submisso, para que não o ouvisse o velho Pajé:

— A virgem de Tupã guarda os sonhos da jurema que são doces e saborosos!

Um triste sorriso pungiu os lábios de Iracema:

— O estrangeiro vai viver para sempre à cintura da virgem branca; nunca mais seus olhos verão a filha de Araquém, e ele já quer que o sono feche suas pálpebras, e que o sonho o leve à terra de seus irmãos!

— O sono é o descanso do guerreiro — disse Martim; — e o sonho a alegria d'alma. O estrangeiro não quer levar consigo a tristeza da terra hospedeira, nem deixá-la no coração de Iracema!

A virgem ficou imóvel.

— Vai, e torna com o vinho de Tupã.

Quando Iracema foi de volta, já o Pajé não estava na cabana; tirou a virgem do seio o vaso que ali trazia oculto sob a carioba de algodão entretecida de penas. Martim o arrebatou das mãos, e libou as gotas do verde e amargo licor.

Agora podia viver com Iracema, e colher em seus lábios o beijo que ali viçava entre sorrisos, como o fruto na corola da flor. Podia amá-la, e sugar desse amor o mel e o perfume, sem deixar veneno no seio da virgem.

O gozo era vida, pois o sentia mais forte e intenso; o mal era sonho e ilusão, que da virgem não possuía senão a imagem.

Iracema afastara-se opressa e suspirosa.

Abriram-se os braços do guerreiro adormecido e seus lábios; o nome da virgem ressoou docemente.

A juruti, que divaga pela floresta, ouve o terno arrulho do companheiro; bate as asas, e voa a conchegar-se ao tépido ninho. Assim a virgem do sertão, aninhou-se nos braços do guerreiro.

Quando veio a manhã, ainda achou Iracema ali debruçada, qual borboleta que dormiu no seio do formoso cacto. Em seu lindo semblante acendia o pejo vivos rubores; e como entre os arrebóis da manhã cintila o primeiro raio do sol, em suas faces incendidas rutilava o primeiro sorriso da esposa, aurora de fruído amor.

A jandaia fugira ao romper d'alva, para não tornar mais à cabana.

Vendo Martim a virgem unida ao seu coração, cuidou que o sonho continuava; cerrou os olhos para torná-los a abrir.

A pocema dos guerreiros, troando pelo vale, o arrancou ao doce engano; sentiu que já não sonhava, mas vivia. Sua mão cruel abafou nos lábios da virgem o beijo que ali se espanejava.

Os beijos de Iracema são doces no sonho; o guerreiro branco encheu deles sua alma. Na vida, os lábios da virgem de Tupã amargam e doem como o espinho da jurema.

A filha de Araquém escondeu no coração a sua ventura. Ficou tímida e inquieta, como a ave que pressente a borrasca no horizonte. Afastou-se rápida, e partiu.

As águas do rio banharam o corpo casto da recente esposa.

A jandaia não tornou à cabana.

Tupã já não tinha sua virgem na terra dos tabajaras.

Capítulo 16

O alvo disco da lua surgiu no horizonte.

A luz brilhante do sol empalideceu a virgem do céu, como o amor do guerreiro desmaia a face da esposa.

— Jaci!... Mãe nossa!... — exclamaram os guerreiros tabajaras.

E brandindo os arcos, lançaram ao céu com a chuva das flechas, o canto da lua nova:

"Veio no céu a mãe dos guerreiros; já volta o rosto para ver seus filhos. Ela traz as águas, que enchem os rios e a polpa do caju."

"Já veio a esposa do sol; já sorri às virgens da terra, filhas suas. A doce luz acende o amor no coração dos guerreiros e fecunda o seio da jovem mãe."

Cai a tarde.

Folgam as mulheres e os meninos na vasta ocara; os mancebos, que ainda não ganharam nome de guerra por algum feito brilhante, discorrem no vale.

Os guerreiros seguem Irapuã ao bosque sagrado, onde os espera o Pajé e sua filha para o mistério da jurema. Iracema já acendeu os fogos da alegria, Araquém está imóvel e extático no seio de uma nuvem de fumo.

Cada guerreiro que chega depõe a seus pés uma oferenda a Tupã. Traz um a suculenta caça; outro a farinha-d'água; aquele o saboroso piracém da traíra. O velho Pajé, para quem são estas dádivas, as recebe com desdém.

Quando foram todos sentados em torno do grande fogo, o ministro de Tupã ordena o silêncio com um gesto, e três vezes clamando o nome terrível, enche-se do deus, que o habita:

— Tupã!... Tupã!... Tupã!...

Três vezes o eco ao longe repercutiu.

Vem Iracema com a igaçaba cheia do verde licor. Araquém decreta os sonhos a cada guerreiro, e distribui o vinho da jurema, que transporta ao céu o valente tabajara.

Este, grande caçador, sonha que os veados e as pacas correm de encontro às suas flechas para se traspassarem nelas; fatigado por fim de ferir, cava na terra o bucã, e assa tamanha quantidade de caça, que mil guerreiros em um ano não acabariam.

Outro, fogoso em amores, sonha que as mais belas virgens tabajaras deixam a cabana de seus pais e o seguem cativas de seu querer. Nunca a rede de chefe algum embalou mais voluptuosas carícias, do que ele frui naquele êxtase.

O herói sonha tremendas lutas e horríveis combates, de que sai vencedor, cheio de glória e fama. O velho renasce na prole numerosa, e como o seco tronco donde rebenta nova e robusta sebe, ainda cobre-se de flores.

Todos sentem a felicidade tão viva e contínua, que no espaço da noite cuidam viver muitas luas. As bocas murmuram; o gesto fala; e o Pajé, que tudo escuta e vê, colhe o segredo no íntimo d'alma.

Iracema, depois que ofereceu aos chefes o licor de Tupã, saiu do bosque. Não permitia o rito que ela assistisse ao sono dos guerreiros e ouvisse falar os sonhos.

Foi dali direito à cabana, onde a esperava Martim:

— Toma tuas armas, guerreiro branco. É tempo de partir.

— Leva-me aonde está Poti, meu irmão.

A virgem caminhou para o vale; o cristão a seguiu. Chegaram à falda do rochedo, que ia morrer à beira do tanque, em um maciço de verdura.

— Chama teu irmão!

Martim soltou o grito da gaivota. A pedra que fechava a entrada da gruta caiu; e o vulto do guerreiro Poti apareceu na sombra.

Os dois irmãos encostaram a fronte na fronte e o peito no peito, para exprimir que não tinham ambos mais que uma cabeça e um coração.

— Poti está contente porque vê seu irmão, que o mau espírito da floresta arrebatou de seus olhos.

— Feliz é o guerreiro que tem ao flanco um amigo como o bravo Poti; todos os guerreiros o invejarão.

Iracema suspirou, pensando que a afeição do pitiguara bastava à felicidade do estrangeiro.

— Os guerreiros tabajaras dormem. A filha de Araquém vai guiar os estrangeiros.

Seguiu a virgem adiante; os dois guerreiros após. Quando tinham andado o espaço que transpõe a garça de um voo, o chefe pitiguara tornou-se inquieto e murmurou ao ouvido do cristão:

— Manda à filha do Pajé que volte à cabana de seu pai. Ela demora a marcha dos guerreiros.

Martim estremeceu; mas a voz da prudência e da amizade penetrou em seu coração. Avançou para Iracema, e tirou do seio a voz mais terna para acalentar a saudade da virgem:

— Quanto mais afunda a raiz da planta na terra, mais custa arrancá-la. Cada passo de Iracema no caminho da partida é uma raiz que lança no coração de seu hóspede.

— Iracema quer te acompanhar até onde acabam os campos dos tabajaras, para voltar com o sossego em seu coração.

Martim não respondeu. Continuaram a caminhar, e com eles caminhava a noite; as estrelas desmaiaram, e a frescura da alvorada alegrou a floresta. As roupas da manhã, alvas como o algodão, apareceram no céu.

Poti olhou a mata e parou. Martim compreendeu e disse a Iracema:

— Teu hóspede já não pisa os campos dos tabajaras. É o instante de separar-te dele.

Capítulo 17

Iracema pousou a mão no peito do guerreiro branco:

— A filha dos tabajaras já deixou os campos de seus pais; agora pode falar.

— Que segredo guardas em teu seio, virgem formosa do sertão?

— Iracema não pode mais separar-se do estrangeiro.

— Assim é preciso, filha de Araquém. Torna à cabana de teu velho pai, que te espera.

— Araquém já não tem filha.

Martim tornou com gesto rudo e severo:

— Um guerreiro de minha raça jamais deixou a cabana do hóspede, viúva de sua alegria. Araquém abraçará sua filha, para não amaldiçoar o estrangeiro ingrato.

A virgem pendeu a fronte; velando-se com as longas tranças negras que se espargiam pelo colo, cruzando ao grêmio os lindos braços, recolheu em seu pudor. Assim o róseo cacto, que já desabrochou em linda flor, cerra em botão o seio perfumado.

— Tua escrava te acompanhará, guerreiro branco; porque teu sangue dorme em seu seio.

Martim estremeceu.

— Os maus espíritos da noite turbaram o espírito de Iracema.

— O guerreiro branco sonhava, quando Tupã abandonou sua virgem, porque ela traiu o segredo da jurema.

O cristão escondeu as faces à luz.

— Deus!... — clamou seu lábio trêmulo.

Permaneceram ambos mudos e quedos.

Afinal disse Poti:

— Os guerreiros tabajaras despertam.

O coração da virgem, como o do estrangeiro, ficou surdo à voz da prudência. O sol levantou-se no horizonte; e o seu olhar majestoso desceu dos montes à floresta. Poti, de pé, como um tronco decepado, esperou que seu irmão quisesse partir.

Foi Iracema quem primeiro falou:

— Vem: enquanto não pisares as praias dos pitiguaras, tua vida corre perigo.

Martim seguiu silencioso a virgem, que fugia entre as árvores como a selvagem cutia. A tristeza lhe confrangia o coração; mas a onda de perfumes que deixava na brisa a passagem da formosa tabajara, açulava o amor no seio do guerreiro. Seu passo era tardo, o peito lhe ofegava.

Poti cismava. Em sua cabeça de mancebo morava o espírito de um abaeté. O chefe pitiguara pensava que o amor é como o cauim, o qual bebido com moderação, fortalece o guerreiro, e tomado em excesso, abate a coragem do herói. Ele sabia quanto era veloz o pé do tabajara; e esperava o momento de morrer defendendo o amigo.

Quando as sombras da tarde entristeciam o dia, o cristão parou no meio da mata. Poti acendeu o fogo da hospitalidade. A virgem desdobrou a alva rede de algodão franjada de penas de tucano, e suspendeu-a aos ramos da árvore:

— Esposo de Iracema, tua rede te espera.

A filha de Araquém foi sentar-se longe, na raiz de uma árvore, como a cerva solitária, que o ingrato companheiro afugentou do aprisco. O guerreiro pitiguara desapareceu na espessura da folhagem.

Martim ficou mudo e triste, semelhante ao tronco d'árvore a que o vento arrancou o lindo cipó que o entrelaçava. A brisa perpassando levou um murmúrio:

— Iracema!

Era o balido do companheiro; a cerva, arrufando-se, ganhou o doce aprisco.

A floresta destilava suave fragrância e exalava arpejos harmoniosos; os suspiros do coração se difundiram nos múrmuros do deserto. Foi a festa do amor e o canto do himeneu.

Já a luz da manhã coou na selva densa. A voz grave e sonora de Poti repercutiu no sussurro da mata:

— O povo tabajara caminha na floresta!

Iracema arrancou-se dos braços que a cingiam e do lábio que a tinha cativa; saltando da rede como a rápida zabelê, travou das armas do esposo e levou-o através da mata.

De espaço a espaço, o prudente Poti escutava as entranhas da terra; sua cabeça movia-se pesada de um a outro lado, como a nuvem que se balança no cocuruto do rochedo, aos vários lufos da próxima borrasca.

— O que escuta o ouvido do guerreiro Poti?

— Escuta o passo veloz do povo tabajara. Ele vem como tapir rompendo a floresta.

— O guerreiro pitiguara é a ema que voa sobre a terra; nós o seguiremos como suas asas — disse Iracema.

O chefe sacudiu de novo a fronte:

— Enquanto o guerreiro do mar dormia, o inimigo correu. Os que primeiro partiram já avançam além com as pontas do arco.

A vergonha mordeu o coração de Martim:

— Fuja o chefe Poti e salve Iracema. Só deve morrer o guerreiro mau, que não escutou a voz de seu irmão e o pedido de sua esposa.

Martim arrepiou o passo:

— A alma do guerreiro branco não escutou sua boca. Poti e seu irmão só têm uma vida.

O lábio de Iracema não falou; sorriu.

Capítulo 18

Treme a selva com o estrupido da carreira do povo tabajara. O grande Irapuã, primeiro, assoma entre as árvores. Seu olhar rúbido viu o guerreiro branco entre nuvens de sangue; o ronco bravio do tigre rompe de seu peito cavernoso.

O chefe tabajara e seu povo iam precipitar-se sobre os fugitivos, como a vaga encapelada que arrebenta no Mocoripe.

Eis que late o cão selvagem.

O amigo de Martim solta o grito da alegria:

— O cão de Poti guia os guerreiros de sua taba em socorro teu.

O rouco búzio dos pitiguaras estruge pela floresta. O grande Jacaúna, senhor das praias do mar, chegava do rio das garças com seus melhores guerreiros.

Os pitiguaras recebem o primeiro ímpeto do inimigo nas pontas irriçadas de suas flechas, que eles despedem do arco aos molhos, como o cuandu os espinhos do seu corpo. Logo após soa a pocema, estreita-se o espaço, e a luta se trava face a face.

Jacaúna atacou Irapuã. Prossegue o horrível combate que bastara a dez bravos, e não esgotou ainda a força dos grandes chefes. Quando os dois tacapes se encontram, a batalha toda estremece como um só guerreiro, até às entranhas.

O irmão de Iracema veio direito ao estrangeiro, que arrancara a filha de Araquém à cabana hospitaleira; o faro da vingança o guia; a vista da irmã assanha a raiva em seu peito. O guerreiro Caubi assalta com furor o inimigo.

Iracema, unida ao flanco de seu guerreiro e esposo, viu de longe Caubi e falou assim:

— Senhor de Iracema, ouve o rogo de tua escrava; não derrama o sangue do filho de Araquém. Se o guerreiro Caubi tem de morrer, morra ele por esta mão, não pela tua.

Martim pôs no rosto da virgem olhos de horror:

— Iracema matará seu irmão?

— Iracema antes quer que o sangue de Caubi tinja sua mão que a tua; porque os olhos de Iracema veem a ti, e a ela não.

Travam a luta os guerreiros. Caubi combate com furor; o cristão defende-se apenas; mas a seta embebida no arco da esposa guarda a vida do guerreiro contra os botes do inimigo.

Poti já prostrou o velho Andira e quantos guerreiros topou na luta seu válido tacape. Martim lhe abandona o filho de Araquém e corre sobre Irapuã.

— Jacaúna é um grande chefe, seu colar de guerra dá três voltas ao peito. O tabajara pertence ao guerreiro branco.

— A vingança é a honra do guerreiro, e Jacaúna preza o amigo de Poti.

O grande chefe pitiguara levou além o formidável tacape. Renhiu-se o combate entre Irapuã e Martim. A espada do cristão, batendo na clava do selvagem, fez-se em pedaços. O chefe tabajara avançou contra o peito inerte do adversário.

Iracema silvou como a boicininga; e arrojou-se contra a fúria do guerreiro tabajara. A arma rígida tremeu na destra possante do chefe e o braço caiu-lhe desfalecido.

Soava a pocema da vitória. Os guerreiros pitiguaras conduzidos por Jacaúna e Poti varriam a floresta. Fugindo, os tabajaras arrebataram seu chefe ao ódio da filha de Araquém que o podia abater, como a jandaia abate o prócero coqueiro roendo-lhe o cerne.

Os olhos de Iracema, estendidos pela floresta, viram o chão juncado de cadáveres de seus irmãos; e longe o bando dos guerreiros tabajaras que fugia em nuvem negra de pó. Aquele sangue que enrubescia a terra, era o mesmo sangue brioso que lhe ardia nas faces de vergonha.

O pranto orvalhou seu lindo semblante.

Martim afastou-se para não envergonhar a tristeza de Iracema. Deixou que sua dor nua se banhasse nas lágrimas.

Capítulo 19

Poti voltou de perseguir o inimigo. Seus olhos se encheram de alegria, vendo salvo o guerreiro branco.

O cão fiel o seguia de perto, lambendo ainda nos pelos do focinho a marugem do sangue tabajara, de que se fartara; o senhor o acariciava satisfeito de sua coragem e dedicação. Fora ele quem salvara Martim, trazendo ali com tanta diligência os guerreiros de Jacaúna.

— Os maus espíritos da floresta podem separar outra vez o guerreiro branco de seu irmão pitiguara. O cão te seguirá daqui em diante, para que mesmo de longe Poti acuda a teu chamado.

— Mas o cão é teu companheiro e amigo fiel.

— Mais amigo e companheiro será de Poti, servindo a seu irmão que a ele. Tu o chamarás Japi, e será o pé ligeiro com que de longe corramos um para o outro.

Jacaúna deu o sinal da partida

Os guerreiros pitiguaras caminharam para as margens alegres do rio onde bebem as garças; ali se erguia a grande taba dos senhores das várzeas.

O sol deitou-se e de novo se levantou no céu. Os guerreiros chegaram aonde a serra quebrava para o sertão; já tinham passado aquela parte da montanha, que por ser despida de arvoredo e tosquiada como a capivara, a gente de Tupã chamava Ibiapina.

Poti levou o cristão aonde crescia um frondoso jatobá, que afrontava as árvores do mais alto píncaro da serrania, e quando batido pela rajada, parecia varrer o céu com a imensa copa.

— Neste lugar nasceu teu irmão — disse o pitiguara.

Martim estreitou ao peito o tronco amigo:

— Jatobá, que viste nascer meu irmão Poti, o estrangeiro te abraça.

— O raio te decepe, árvore do guerreiro Poti, quando seu irmão o abandonar.

Depois o chefe assim falou:

— Ainda Jacaúna não era um guerreiro, Jatobá, o maior chefe, conduzia os pitiguaras à vitória. Logo que as grandes águas correram, ele caminhou para a serra. Aqui chegando, mandou levantar a taba, para estar perto do inimigo e vencê-lo mais vezes. A mesma lua que o viu chegar, alumiou a rede onde Saí, sua esposa, lhe deu mais um guerreiro de seu sangue. O luar passava por entre as folhas do jatobá; e o sorriso pelos lábios do varão possante, que tomara seu nome e robustez.

Iracema aproximou-se.

A rola, que marisca na areia, se afasta-se o companheiro, adeja inquieta de ramo em ramo e arrula para que lhe responda o ausente amigo. Assim a filha das florestas errara pelas encostas, modulando o singelo canto mavioso.

Martim a recebeu com a alma no semblante; e levando a esposa do lado do coração e o amigo do lado da força, voltou ao rancho dos pitiguaras.

Capítulo 20

A lua cresceu.

Três sóis havia que Martim e Iracema estavam nas terras dos pitiguaras, senhores das margens do Camocim e Acaracu. Os estrangeiros tinham sua rede na vasta cabana de Jacaúna. O valente chefe guardou para si o prazer de hospedar o guerreiro branco.

Poti abandonou sua taba para acompanhar seu irmão de guerra na cabana de seu irmão de sangue, e gozar dos instantes que sobejavam para a amizade, no coração do guerreiro do mar.

A sombra já se retirou da face da terra; e Martim viu que ela não se retirava ainda da face da esposa, desde o dia do combate.

— A tristeza mora n'alma de Iracema!

— A alegria para a esposa só vem de ti; quando teus olhos a deixam, as lágrimas enchem os seus.

— Por que chora a filha dos tabajaras?

— Esta é a taba dos pitiguaras, inimigos de seu povo. A vista de Iracema já conheceu o crânio de seus irmãos espetado na caiçara; seu ouvido já escutou o canto de morte dos cativos tabajaras; a mão já tocou as armas tintas do sangue de seus pais.

A esposa pousou as duas mãos nos ombros do guerreiro, e reclinou ao peito dele:

— Iracema tudo sofre por seu guerreiro e senhor. A ata é doce e saborosa; mas quando a machucam, azeda. Tua esposa quer que seu amor encha teu coração das doçuras do mel.

— Volte o sossego ao seio da filha dos tabajaras; ela vai deixar a taba dos inimigos de seu povo.

O cristão caminhou para a cabana de Jacaúna. O grande chefe alegrou-se vendo chegar seu hóspede; mas a alegria fugiu logo de sua fronte guerreira. Martim dissera:

— O guerreiro branco parte de tua cabana, grande chefe.

— Alguma coisa te faltou na taba de Jacaúna?

— Nada faltou a teu hóspede. Ele era feliz aqui; mas a voz do coração o chama a outros sítios.

— Então parte e leva o que é preciso para a viagem. Tupã te fortaleça, e traga outra vez à cabana de Jacaúna, para que ele festeje tua boa-vinda.

Poti chegou; sabendo que o guerreiro do mar ia partir, disse:

— Teu irmão te acompanha.

— Os guerreiros de Poti precisam de seu chefe.

— Se tu não queres que eles vão com Poti, Jacaúna os conduzirá à vitória.

— A cabana de Poti ficará deserta e triste.

— Deserto e triste será o coração de teu irmão longe de ti.

O guerreiro do mar deixa as margens do rio das garças, e caminha para as terras onde o sol se deita. A esposa e o amigo seguem sua marcha.

Passam além da fértil montanha, onde a abundância dos frutos criava grande quantidade de mosca, de que lhe veio o nome de Meruoca.

Atravessam os córregos que levam suas águas ao rio das garças, e avistam longe no horizonte uma alta serrania. Expira o dia; nuvem negra voa das bandas do mar: são os urubus que pastaram nas praias a carniça, e com a noite voltam ao ninho.

Os viajantes dormem aí, em Uruburetama. Com o segundo sol chegaram às margens do rio, que nasce na quebrada da serra e desce a planície enroscando-se como uma cobra. Suas voltas contínuas enganam a cada passo o peregrino, que vai seguindo o tortuoso curso; por isso foi chamado Mundaú.

Perlongando as frescas margens, viu Martim no seguinte sol os verdes mares e alvas praias, onde as ondas murmurosas soluçam às vezes e outras raivam de fúria, rebentando em flocos de espuma.

Os olhos do guerreiro branco se dilataram pela vasta imensidade; seu peito suspirou. Esse mar beijava também as brancas areias do Potengi, seu berço natal, onde ele vira a luz americana. Arrojou-se nas ondas e pensou banhar seu corpo nas águas da pátria, como banhara sua alma nas saudades dela.

Iracema sentiu chorar-lhe o coração; mas não tardou que o sorriso de seu guerreiro o acalentasse.

Entretanto, Poti do alto do coqueiro, fisgava o saboroso camorupim que brincava na pequena baía do Mundaú; e preparava o moquém para a refeição.

Capítulo 21

Já descia o sol das alturas do céu.

Chegam os viajantes à foz do rio onde se criam em grande abundância as saborosas traíras; suas praias são povoadas pela tribo dos pescadores, da grande nação dos pitiguaras.

Eles receberam os estrangeiros com a hospitalidade generosa, que era uma lei de sua religião; e Poti com o respeito que merecia tão grande guerreiro, irmão de Jacaúna, maior chefe da forte gente pitiguara.

Para repousar os viajantes, e acompanhá-los na despedida, o chefe da tribo tomou Poti, Martim e Iracema na jangada, e abrindo a vela à brisa, levou-os até muito longe na costa.

Todos os pescadores em suas jangadas seguiam o chefe e atroavam o ar com o canto de saudade e os múrmuros do uraçá, que imita os soluços do vento.

Além da tribo dos pescadores, estava mais entrada para as serras a tribo dos caçadores. Eles ocupavam as margens do Soipé, cobertas de matas, onde os veados, as gordas pacas e os macios jacus abundavam. Assim os habitadores dessas margens lhes deram o nome de país da caça.

O chefe dos caçadores, Jaguaraçu, tinha sua cabana à beira do lago, que forma o rio perto do mar. Aí acharam os viajantes o mesmo agasalho que haviam recebido dos pescadores.

Depois que partiram do Soipé, os viajantes atravessaram o Rio Pacoti, em cujas margens cresciam as frondosas bananeiras balançando os verdes penachos; mais longe corria o Iguape, onde a água faz cintura em torno dos cômoros de areia.

No outro sol viram um lindo rio que surdia no mar cavando uma bacia na rocha viva.

Além assomava no horizonte um alto morro de areia que tinha a alvura da espuma do mar. O cabo sobranceiro aos coqueiros, parece a cabeça calva do condor, esperando ali a borrasca, que vem dos confins do oceano.

— Poti conhece o grande morro das areias? — perguntou o cristão.

— Poti conhece toda a terra que têm os pitiguaras, desde as margens do grande rio, que forma um braço do mar, até à margem do rio onde habita o jaguar. Ele já esteve no alto do Mocoripe, e de lá viu correr no mar as grandes igaras dos guerreiros brancos, teus inimigos, que estão no Mearim.

— Por que chamas tu Mocoripe, ao grande morro das areias?

— O pescador da praia, que vai na jangada, lá onde voa a ati, fica triste, longe da terra e de sua cabana, em que dormem os filhos de seu sangue. Quando ele volta e seus olhos primeiro avistam o morro das areias, o prazer volta a seu coração. Por isso ele diz que o morro das areias dá alegria.

— O pescador diz bem; porque teu irmão ficou contente como ele, vendo o monte das areias.

Martim subiu com Poti ao cimo do Mocoripe. Iracema seguindo com os olhos o esposo, divagava como a jaçanã em torno do lindo seio, que ali fez a terra para receber o mar.

De passagem ela colhia os doces cajus, que aplacam a sede aos guerreiros, e apanhava conchas mimosas para ornar seu colo.

Os viajantes estiveram em Mocoripe três sóis. Depois Martim levou seus passos além. A esposa e o amigo tornaram à embocadura do rio cujas margens eram alagadas e cobertas de mangue. O mar entrando por ele, formava uma bacia cheia de água cristalina, e cavada na pedra como um camucim.

O guerreiro cristão percorrendo essa paragem, começou de cismar. Até ali ele caminhava sem destino, movendo seus passos ao acaso; não tinha outra intenção mais que afastar-se das tabas dos pitiguaras para arrancar a tristeza do coração de Iracema. O cristão sabia por experiência que a viagem acalenta a saudade, porque a alma dorme enquanto o corpo caminha. Agora sentado na praia, pensava.

Veio Poti.

— O guerreiro branco pensa; o seio do irmão está aberto para receber seu pensamento.

— Teu irmão pensa que este lugar é melhor do que as margens do Jaguaribe para a taba dos guerreiros de sua raça. Nestas águas as grandes igaras que vêm de longes terras, se esconderiam do vento e do mar; daqui elas iriam ao Mearim destruir os brancos tapuias, aliados dos tabajaras, inimigos de tua nação.

O chefe pitiguara meditou e respondeu:

— Vai buscar teus guerreiros. Poti plantará sua taba junto da mairi de seu irmão.

Aproximava-se Iracema. O cristão com um gesto ordenou silêncio ao chefe pitiguara.

— A voz do esposo se cala, e seus olhos se abaixam quando chega Iracema. Queres tu que ela se afaste?

— Quer teu esposo que chegues mais perto, para que sua voz e seus olhos penetrem mais dentro de tua alma.

A formosa selvagem desfez-se em risos, como se desfaz a flor do fruto que desponta; e foi debruçar-se na espádua do guerreiro.

— Iracema te escuta.

— Estes campos são alegres, e ainda mais serão quando Iracema neles habitar. Que diz teu coração?

— O coração da esposa está sempre alegre junto de seu guerreiro e senhor.

Seguindo pela margem do rio, o cristão escolheu o lugar para levantar a cabana. Poti cortou esteios dos troncos da carnaúba; a filha de Araquém ligava os leques da palmeira para vestir o teto e as paredes; Martim cavou a terra e fabricou a porta das fasquias da taquara.

Quando veio a noite, os dois esposos armaram a rede em sua nova cabana; e o amigo no copiar que olhava para o nascente.

Capítulo 22

Poti saudou o amigo e falou assim:

— "Antes que o pai de Jacaúna e Poti, o valente guerreiro Jatobá, mandasse sobre todos os guerreiros pitiguaras o grande tacape da nação, estava na destra de Batuireté, o maior chefe, pai de Jatobá. Foi ele que veio pelas praias do mar até o rio do jaguar, e expulsou os tabajaras para dentro das terras, marcando a cada tribo seu lugar; depois entrou pelo sertão até à serra que tomou seu nome.

"Quando suas estrelas eram muitas, e tantas que seu camucim já não cabia as castanhas que marcavam o número; o corpo vergou para a terra, o braço endureceu como o galho do ubiratã que não verga; a luz dos olhos escureceu.

"Chamou então o guerreiro Jatobá e disse: — Filho, toma o tacape da nação pitiguara. Tupã não quer que Batuireté o leve mais à guerra, pois tirou a força de seu corpo, o movimento do seu braço e a luz de seus olhos. Mas Tupã foi bom para ele, pois lhe deu um filho como o guerreiro Jatobá.

"Jatobá empenhou o tacape dos pitiguaras. Batuireté tomou o bordão de sua velhice e caminhou. Foi atravessando os vastos sertões, até os campos viçosos onde correm as águas que vêm das bandas da noite. Quando o velho guerreiro arrastava o passo pelas margens, e a sombra de seus olhos não lhe deixava que visse mais os frutos nas árvores ou os pássaros no ar, ele dizia em sua tristeza: — Ah! Meus tempos passados!

"A gente que o ouvia chorava a ruína do grande chefe; e desde então passando por aqueles lugares, repetia suas palavras; donde veio chamar-se o rio e os campos, Quixeramobim.

"Batuireté veio pelo caminho das garças até aquela serra que tu vês longe, e onde primeiro habitou. Lá no píncaro, o velho guerreiro fez seu ninho alto como o gavião, para encher o resto de seus dias, conversando com Tupã. Seu filho já dorme embaixo da terra, e ele ainda na outra lua cismava na porta de sua cabana, esperando a noite que traz o grande sono. Todos os chefes pitiguaras, quando acordam à voz da guerra, vão pedir ao velho que lhes ensine a vencer, porque nenhum outro guerreiro jamais soube como ele combater. Assim as tribos não o chamam mais pelo nome, senão o grande sabedor da guerra, Maranguab.

"O chefe Poti vai à serra ver seu grande avô; mas antes que o dia morra, ele estará de volta na cabana de seu irmão. Tens tu outra vontade?"

— O guerreiro branco te acompanha para abraçar o grande chefe dos pitiguaras, avô de seu irmão, e dizer ao velho que renasce em seu neto.

Martim chamou Iracema; e partiram ambos guiados pelo pitiguara para a serra do Maranguab, que se levantava no horizonte. Foram seguindo o curso do rio até onde nele entrava o Ribeiro de Pirapora.

A cabana do velho guerreiro estava junto das formosas cascatas, onde salta o peixe no meio dos borbotões de espuma. As águas ali são frescas e macias, como a brisa do mar, que passa entre as palmas dos coqueiros, nas horas da calma.

Batuireté estava sentado sobre uma das lapas da cascata; o sol ardente caía sobre sua cabeça, nua de cabelos e cheia de rugas como o jenipapo. Assim dorme o jaburu na borda do lago.

— Poti é chegado à cabana do grande Maranguab, pai de Jatobá, e trouxe seu irmão branco para ver o maior guerreiro das nações.

O velho soabriu as pesadas pálpebras, e passou do neto ao estrangeiro um olhar baço. Depois o peito arquejou e os lábios murmuraram:

— Tupã quis que estes olhos vissem antes de se apagarem, o gavião branco junto da narceja.

O abaeté derrubou a fronte aos peitos, e não falou mais, nem mais se moveu.

Poti e Martim julgaram que ele dormia e se afastaram com respeito para não perturbar o repouso de quem tanto obrara na longa vida. Iracema, que se banhava na próxima cachoeira, veio-lhes ao encontro, trazendo na folha da taioba favos de mel puríssimo.

Discorreram os amigos pelas floridas encostas até que as sombras da montanha se estenderam pelo vale. Tornaram então ao lugar onde tinham deixado o Maranguab.

O velho ainda lá estava na mesma atitude, com a cabeça derrubada ao peito e os joelhos encostados à fronte. As formigas subiam-lhe pelo corpo; e os tuins adejavam em torno e pousavam-lhe na calva.

Poti pôs a mão no crânio do ancião e conheceu que era finado; o guerreiro morrera de velhice. Então o chefe pitiguara entoou o canto da morte; e foi à cabana buscar o camucim, que transbordava com as castanhas do caju. Martim contou cinco vezes cinco mãos.

Entretanto Iracema colhia nas florestas a andiroba, para ungir o corpo do velho, que a mão piedosa do neto encerrou no camucim. O vaso fúnebre ficou suspenso ao teto da cabana.

Depois que plantou urtiga à porta, para defender contra os animais a oca abandonada, Poti despediu-se triste daqueles sítios, e tornou com seus companheiros à borda do mar.

A serra onde estava outrora a cabana tomou o nome de Maranguape; assim chamada porque ai repousa o sabedor da guerra.

Capítulo 23

Quatro luas tinham alumiado o céu depois que Iracema deixara os campos do Ipu; e três depois que ela habitava nas praias do mar a cabana de seu esposo.

A alegria morava em sua alma. A filha dos sertões era feliz, como a andorinha, que abandona o ninho de seus pais, e peregrina para fabricar novo ninho no país onde começa a estação das flores. Também Iracema achara ali nas praias do mar um ninho do amor, nova pátria para seu coração.

Como o colibri borboleteando entre as flores da acácia, ela discorria as amenas campinas. A luz da manhã já a encontrava suspensa ao ombro do esposo e sorrindo, como a enrediça que entrelaça o tronco robusto, e todas as manhãs o coroa de nova grinalda.

Martim partia para a caça com Poti. Ela separava-se então dele, para mais sentir o desejo de tornar a ele.

Perto havia uma formosa lagoa no meio da verde campina. Para lá volvia a selvagem o ligeiro passo. Era a hora do banho da manhã; atirava-se à água e nadava com as garças brancas e as vermelhas jaçanãs.

Os guerreiros pitiguaras, que apareciam por aquelas paragens, chamavam essa lagoa Porangaba, ou lagoa da beleza, porque nela se banhava Iracema, a mais bela filha da raça de Tupã.

E desde esse tempo as mães vinham de longe mergulhar suas filhas nas águas da Porangaba, que tinha a virtude de dar formosura às virgens e fazê-las amadas pelos guerreiros.

Depois do banho, Iracema divagava até as faldas da serra do Maranguab, onde nascia o ribeiro das marrecas, o Jereraú. Ali cresciam na frescura e na sombra as frutas mais saborosas de todo o país; delas fazia copiosa provisão, e esperava embalando-se nas ramas do maracujá, que Martim tornasse da caça.

Outras vezes não era a Jereraú que a levava sua vontade, mas do oposto lado, a Sapiranga, cujas águas inflamavam os olhos, como diziam os pajés. Cerca daí havia um bosque frondoso de muritis, que formavam no meio do tabuleiro uma grande ilha de formosas palmeiras.

Iracema gostava do Muritiapuá, onde o vento suspirava docemente; ali espolpava ela o vermelho coco, para fabricar a bebida refrigerante, adoçada com o mel da abelha, e enchia dela a igaçaba, destinada a estancar a sede dos guerreiros durante a maior calma do dia.

Uma manhã Poti guiou Martim à caça. Caminharam para uma serra, que se levanta ao lado da outra do Maranguab, sua irmã. O alto cabeço se curva à semelhança do bico adunco da arara; pelo que os guerreiros a chamaram Aratanha. Eles subiram pela encosta da Guaiúba por onde as águas descem para o vale, e foram até o córrego habitado pelas pacas.

Só havia sol no bico da arara, quando os caçadores desceram de Pacatuba ao tabuleiro. De longe viram Iracema, que viera esperá-los à margem de sua lagoa da Porangaba. Caminhava para eles com o passo altivo da garça que passeia à beira d'água: por cima da carioba trazia uma cintura das flores da maniva, que era o símbolo da fecundidade. Colar das mesmas cingia-lhe o colo e ornava os rijos seios palpitantes.

Travou da mão do esposo, e a impôs no regaço:

— Teu sangue já vive no seio de Iracema. Ela será mãe de teu filho.

— Filho, dizes tu? — exclamou o cristão em júbilo.

Ajoelhou ali e cingindo-a com os braços, beijou o seio fecundo da esposa.

Quando ele ergueu-se, Poti falou:

— A felicidade do mancebo é a esposa e o amigo; a primeira dá alegria, o segundo dá força. O guerreiro sem a esposa é como a árvore sem folhas nem flores: nunca ela verá o fruto. O guerreiro sem amigo é como a árvore solitária que o vento açoita no meio do campo: o fruto dela nunca amadurece. A felicidade do varão é a prole, que nasce dele e faz seu orgulho; cada guerreiro que sai de suas veias é mais um galho que leva seu nome às nuvens, como a grimpa do cedro. Amado de Tupã é o guerreiro que tem uma esposa, um amigo e muitos filhos; ele nada mais deseja senão a morte gloriosa.

Martim uniu o peito ao peito de Poti:

— O coração do esposo e do amigo falou por tua boca. O guerreiro branco é feliz, chefe dos pitiguaras, senhores das praias do mar; a felicidade nasceu para ele na terra das palmeiras, onde recende a baunilha; e foi gerada no sangue de tua raça, que tem no rosto a cor do sol. O guerreiro branco não quer mais outra pátria, senão a pátria de seu filho e de seu coração.

Ao romper d'alva, Poti partiu para colher as sementes de crajuru que dão a bela tinta vermelha, e a casca do angico de onde se extrai a cor negra mais lustrosa. De caminho sua flecha certeira abateu o pato selvagem que plainava nos ares. O guerreiro arrancou das asas as longas penas, e subindo ao Mocoripe, rugiu a inúbia. A refega que vinha do mar levou longe, bem longe, o rouco som. O búzio dos pescadores do Trairi, e a trombeta dos caçadores do Soipé, responderam.

Martim banhou-se n'água do rio, e passeou na praia para secar o corpo ao vento e ao sol. Ao seu lado ia Iracema e apanhava o âmbar amarelo, que o mar arrojava. Todas as noites a esposa perfumava seu corpo e a alva rede, para que o amor do guerreiro se deleitasse nela.

Voltou Poti.

Capítulo 24

Foi costume da raça, filha de Tupã, que o guerreiro trouxesse no corpo as cores de sua nação.

Traçavam em princípio negras riscas sobre o corpo, à semelhança do pelo do quati de onde procedeu o nome dessa arte da pintura guerreira. Depois variaram as cores, e muitos guerreiros costumaram escrever os emblemas de seus feitos.

O estrangeiro tendo adotado a pátria da esposa e do amigo, devia passar por aquela cerimônia, para tornar-se um guerreiro vermelho, filho de Tupã. Nessa intenção fora Poti se prover dos objetos necessários.

Iracema preparou as tintas. O chefe, embebendo as ramas da pluma, traçou pelo corpo os riscos vermelhos e pretos, que ornavam a grande nação pitiguara. Depois pintou na fronte uma flecha e disse:

— Assim como a seta traspassa o duro tronco, assim o olhar do guerreiro penetra n'alma dos povos.

No braço pintou um gavião:

— Assim como o anajê cai das nuvens, assim cai o braço do guerreiro sobre o inimigo.

No pé esquerdo pintou a raiz do coqueiro:

— Assim como a pequena raiz agarra na terra o alto coqueiro, o pé firme do guerreiro sustenta seu corpo robusto.

No pé direito pintou uma asa:

— Assim como a asa do majoí rompe os ares, o pé veloz do guerreiro não tem igual na corrida.

Iracema tomou a rama da pena e pintou uma abelha sobre folha de árvore; sua voz ressoou entre sorrisos:

— Assim como a abelha fabrica o mel no coração negro do jacarandá, a doçura está no peito do mais valente guerreiro.

Martim abriu os braços e os lábios para receber corpo e alma da esposa.

— Meu irmão é um grande guerreiro da nação pitiguara; ele precisa de um nome na língua de sua nação.

— O nome de teu irmão está em seu corpo, onde o pôs tua mão.

— Coatiabo! — exclamou Iracema.

— Tu disseste; eu sou o guerreiro pintado; o guerreiro da esposa e do amigo.

Poti deu a seu irmão o arco e o tacape, que são as armas nobres do guerreiro. Iracema havia tecido para ele o cocar e a araçoia, matos dos chefes ilustres.

A filha de Araquém foi buscar à cabana as iguarias do festim e os vinhos de jenipapo e mandioca. Os guerreiros beberam copiosamente e trançaram as danças alegres. Durante que volviam em torno dos fogos da alegria, ressoavam as canções.

Poti cantava:

— Como a cobra que tem duas cabeças em um só corpo, assim é a amizade do Coatiabo e Poti.

Acudiu Iracema:

— Como a ostra que não deixa o rochedo, ainda depois de morta, assim é Iracema junto a seu esposo.

Os guerreiros disseram:

— Como o jatobá na floresta, assim é o guerreiro Coatiabo entre o irmão e a esposa: seus ramos abraçam os ramos do ubiratã, e sua sombra protege a relva humilde.

Os fogos da alegria arderam até que veio a manhã; e com eles durou o festim dos guerreiros.

Capítulo 25

A alegria ainda morou na cabana, todo o tempo que as espigas de milho levaram a amarelecer.

Uma alvorada, caminhava o cristão pela borda do mar. Sua alma estava cansada.

O colibri sacia-se de mel e perfume; depois adormece em seu branco ninho de cotão, até que volta no outro ano a lua das flores. Como o colibri, a alma do guerreiro também satura-se de felicidade, e carece de sono e repouso.

A caça e as excursões pelas montanhas em companhia do amigo, as carícias da terna esposa que o esperavam na volta, e o doce carbeto no copiar da cabana, já não acordavam nele as emoções de outrora. Seu coração ressonava.

Quando Iracema brincava pela praia, os olhos do guerreiro retiravam-se dela para se estenderem pela imensidade dos mares.

Viram umas asas brancas que adejavam pelos campos azuis. Conheceu o cristão que era uma grande igara de muitas velas, como construíam seus irmãos; e a saudade da pátria apertou-lhe no seio.

Alto ia o sol; e o guerreiro na praia seguia com os olhos as asas brancas que fugiam. Debalde a esposa o chamou à cabana, debalde ofereceu a seus olhos, as graças dela e os frutos melhores do campo. Não se moveu o guerreiro, senão quando a vela sumiu-se no horizonte.

Poti voltou da serra, onde pela primeira vez fora só. Tinha deixado a serenidade na fronte de seu irmão e achava ali a tristeza. Martim saiu-lhe ao encontro:

— A igara grande do branco tapuia passou no mar. Os olhos de teu irmão a viram, que voava para as margens do Mearim, aliados dos tupinambás, inimigo de tua e minha raça.

— Poti é senhor de mil arcos; se é teu desejo, ele te acompanhará com seus guerreiros às margens do Mearim para vencer o tapuitinga e seu amigo, o pérfido tupinambá.

— Quando for tempo, teu irmão te dirá.

Os guerreiros entraram na cabana, onde estava Iracema. A maviosa canção nesse dia tinha emudecido nos lábios da esposa. Ela tecia suspirando a franja da rede materna, mais larga e espessa que a rede do himeneu.

Poti, que a viu tão ocupada, falou:

— Quando a sabiá canta, é o tempo do amor; quando emudece, fabrica o ninho para sua prole: é o tempo do trabalho.

— Meu irmão fala como a rã quando anuncia a chuva; mas a sabiá que faz seu ninho, não sabe se dormirá nele.

A voz de Iracema gemia. Seu olhar buscou o esposo. Martim pensava: as palavras de Iracema passaram por ele, como a brisa pela face lisa da rocha, sem eco nem rumores.

O sol brilhava sempre sobre as praias do mar, e as areias refletiam os raios ardentes; mas nem a luz que vinha do céu, nem a luz que refletia da terra, espancaram a sombra n'alma do cristão. Cada vez o crepúsculo era maior em sua fronte.

Chegou das margens do Acaru um guerreiro pitiguara, mandado por Jacaúna a seu irmão Poti. Ele veio seguindo o rasto dos viajantes até o Trairi, onde os pescadores o guiaram à cabana.

Poti estava só no copiar; ergueu-se e abaixou a fronte para escutar com respeito e gravidade as palavras que lhe mandava seu irmão pela boca do mensageiro:

— O tapuitinga, que estava no Mearim, veio pelas matas até o princípio da Ibiapaba, onde fez aliança com Irapuã, para combater a nação pitiguara. Eles vão descer da serra às margens do rio em que bebem as garças, e onde tu levantaste a taba de teus guerreiros. Jacaúna te chama para defender os campos de nossos pais: teu povo carece de seu maior guerreiro.

— Volta às margens do Acaracu, e teu pé não descanse enquanto não pisar o chão da cabana de Jacaúna. Quando aí estiveres, dize ao grande chefe: "Teu irmão é chegado à taba de seus guerreiros". E tu não mentirás.

O mensageiro partiu.

Poti vestiu suas armas, e caminhou para a várzea, guiado pelo passo de Coatiabo. Ele o encontrou muito além, vagando entre os canaviais que bordam as margens de Aquiraz.

— O branco tapuia está na Ibiapaba para ajudar os tabajaras a combater contra Jacaúna. Teu irmão corre a defender a terra de seus filhos, e a taba onde dorme o camucim de seu pai. Ele saberá vencer depressa para voltar à tua presença.

— Teu irmão parte contigo. Nada separa dois guerreiros amigos quando troa a inúbia da guerra.

— Tu és grande como o mar e bom como o céu.

Abraçaram-se, e partiram com o rosto para as bandas do nascente.

Capítulo 26

Caminhando, caminhando, chegaram os guerreiros à margem de um lago, que havia nos tabuleiros.

O cristão parou de repente e voltou o rosto para as bandas do mar: a tristeza saiu de seu coração e subiu à fronte.

— Meu irmão — disse o chefe —, teu pé criou raiz na terra do amor; fica. Poti voltará breve.

— Teu irmão te acompanha; ele disse, e sua palavra é como a seta de teu arco: quando soa, é chegada.

— Queres tu que Iracema te acompanhe às margens do Acaraú?

— Nós vamos combater seus irmãos. A taba dos pitiguaras não terá para ela mais que tristeza e dor. A filha dos tabajaras deve ficar.

— Que esperas então?

— Teu irmão se aflige porque a filha dos tabajaras pode ficar triste e abandonar a cabana, sem esperar por sua volta. Antes de partir, ele queria sossegar o espírito da esposa.

Poti refletiu:

— As lágrimas da mulher amolecem o coração do guerreiro, como o orvalho da manhã amolece a terra.

— Meu irmão é um grande sabedor. O esposo deve partir sem ver Iracema.

O cristão avançou, Poti mandou-lhe que esperasse: da aljava de setas que Iracema emplumara de penas vermelhas e pretas e suspendera aos ombros do esposo, tirou uma.

O chefe pitiguara vibrou o arco; a seta rápida atravessou um goiamum que discorria pelas margens do lago; só parou onde a pluma não a deixou mais entrar.

Fincou o guerreiro no chão a flecha, com a presa atravessada, e tornou para Coatiabo:

— Podes partir. Iracema seguirá teu rasto; chegando aqui, verá tua seta, e obedecerá à tua vontade.

Martim sorriu; e quebrando um ramo do maracujá, a flor da lembrança, o entrelaçou na haste da seta, e partiu enfim seguido por Poti.

Breve desapareceram os dois guerreiros entre as árvores. O calor do sol já tinha secado seus passos na beira do lago. Iracema, inquieta, veio pela várzea, seguindo o rasto do esposo até o tabuleiro. As sombras doces vestiam os campos quando ela chegou à beira do lago.

Seus olhos viram a seta do esposo fincada no chão, o goiamum trespassado, o ramo partido, e encheram-se de pranto.

— Ele manda que Iracema ande para trás, como o goiamum, e guarde sua lembrança, como o maracujá guarda sua flor todo o tempo até morrer.

A filha dos tabajaras retraiu os passos lentamente, sem volver o corpo, nem tirar os olhos da seta de seu esposo; depois tornou à cabana. Aí, sentada à soleira, com a fronte nos joelhos, esperou até que o sono acalentou a dor em seu peito.

Apenas alvorou o dia, ela moveu o passo rápido para a lagoa, e chegou à margem. A flecha lá estava como na véspera: o esposo não tinha voltado.

Desde então à hora do banho, em vez de buscar a lagoa da beleza, onde outrora tanto gostara de nadar, caminhava para aquela, que vira seu esposo abandoná-la. Sentava-se junto à flecha, até que descia a noite; então recolhia à cabana.

Tão rápida partia de manhã, como lenta voltava à tarde. Os mesmos guerreiros que a tinham visto alegre nas águas da Porangaba, agora encontrando-a triste e só, como a garça viúva, na margem do rio, chamavam aquele sítio da Mecejana, que significa a abandonada.

Uma vez que a formosa filha de Araquém se lamentava à beira da lagoa da Mecejana, uma voz estridente gritou seu nome do alto da carnaúba:

— Iracema! Iracema!...

Ergueu ela os olhos e viu entre as folhas da palmeira sua linda jandaia, que batia as asas, e arrufava as penas com o prazer de vê-la.

A lembrança da pátria, apagada pelo amor, ressurgiu em seu pensamento. Viu os formosos campos do Ipu, as encostas da serra onde nascera, a cabana de Araquém, e teve saudades; mas naquele instante, ainda não se arrependeu de os ter abandonado.

Seu lábio gazeou um canto. A jandaia abrindo as asas, esvoaçou-lhe em torno e pousou no ombro. Alongando fagueira o colo, com o negro bico alisou-lhe os cabelos e beliscou a boca mimosa e vermelha como a pitanga.

Iracema lembrou-se que tinha sido ingrata para a jandaia, esquecendo-a no tempo da felicidade; mas a jandaia vinha para a consolar agora no tempo da desventura.

Essa tarde não voltou só à cabana. Durante o dia seus dedos ágeis teceram o formoso uru de palha, que forrou da felpa macia da monguba, para agasalhar sua companheira e amiga.

Na seguinte alvorada foi a voz da jandaia que a despertou. A linda ave não deixou mais sua senhora; ou porque depois da longa ausência não se fartasse de a ver, ou porque adivinhasse que ela tinha necessidade de quem a acompanhasse em sua triste solidão.

Capítulo 27

Uma tarde Iracema viu de longe dois guerreiros que avançavam pelas praias do mar. Seu coração palpitou mais apressado.

Instante depois ela esquecia nos braços do esposo tantos dias de saudade e abandono que passara na solitária cabana. Outra vez sua graça encheu os olhos do cristão, e a alegria voltou a habitar em sua alma.

Como a seca várzea, com a vinda do inverno reverdece e se matiza de flores, a formosa filha do sertão com a volta do esposo reanimou-se; e sua beleza esmaltou-se de meigos e ternos sorrisos.

Martim e seu irmão haviam chegado à taba de Jacaúna, quando soava a inúbia: eles guiaram ao combate os mil arcos de Poti. Ainda dessa vez os tabajaras, apesar da aliança dos brancos tapuias do Mearim, foram levados de vencida pelos valentes pitiguaras.

Nunca tão disputada vitória e tão renhida pugna se pelejou nos campos que regam o Acaraú e o Camucim; o valor era igual de parte a parte, e nenhum dos dois povos fora vencido, se o Deus da guerra, o torvo Aresqui, não tivesse decidido dar estas plagas à raça do guerreiro branco, aliada dos pitiguaras.

Logo após a vitória, o cristão tornara às praias do mar, onde havia construído sua cabana e onde o esperava a terna esposa. De novo sentiu em sua alma a sede do amor; e tremia de pensar que Iracema houvesse partido, deixando ermo aquele sítio tão povoado outrora pela felicidade.

O cristão amou a filha do sertão, como nos primeiros dias, quando parece que o tempo nunca poderá estancar o coração. Mas breves sóis bastaram para murchar aquelas flores de uma alma exilada da pátria.

O imbu, filho da serra, se nasce na várzea porque o vento ou as aves trouxeram a semente, vinga, achando boa terra e fresca sombra; talvez um dia cope a verde folhagem e enflore. Mas basta um sopro do mar, para tudo murchar. As folhas lastram o chão; as flores, leva-as a brisa.

Como o imbu na várzea, era o coração do guerreiro branco na terra selvagem. A amizade e o amor o acompanharam e fortaleceram durante algum tempo, mas agora, longe de sua casa e de seus irmãos, sentia-se no ermo. O amigo e a esposa não bastavam mais à sua existência, cheia de grandes desejos e nobres ambições.

Passava os já tão breves, agora longos sóis, na praia, ouvindo gemer o vento e soluçar as ondas. Com os olhos engolfados na imensidade do horizonte, buscava, mas embalde, descobrir no azul diáfano a alvura de uma vela perdida nos mares.

À distância curta da cabana, se elevava à borda do oceano um alto morro de areia; pela semelhança com a cabeça do crocodilo o chamavam os pescadores Jacarecanga. Do seio das brancas areias escaldadas pelo ardente sol, manava uma água fresca e pura; assim destila a alma do seio da dor lágrimas doces de alívio e consolo.

A esse monte subia o cristão; e lá ficava cismando em seu destino. Às vezes lhe vinha à mente a ideia de tornar à sua terra e aos seus; mas ele sabia que Iracema o acompanharia; e essa lembrança lhe remordeu o coração. Cada passo mais que afastasse dos campos nativos a filha dos tabajaras, agora que ela não tinha o ninho de seu coração para abrigar-se, era uma porção da vida que lhe roubava.

Poti conhece que Martim deseja estar só, e afasta-se discreto. O guerreiro sabe o que aflige a alma do seu irmão; e tudo espera do tempo, porque só o tempo endurece o coração do guerreiro, como o cerne do jacarandá.

Iracema também foge dos olhos do esposo, porque já percebeu que esses olhos tão amados se turbam com a vista dela, e em vez de se encherem de sua beleza como outrora, a despedem de si. Mas os olhos dela não se cansam de acompanhar à parte e de longe o guerreiro senhor, que os fez cativos.

Ai dela!... Sentiu já o golpe no coração e como a copaíba ferida no âmago, destila as lágrimas em fio.

Capítulo 28

Uma vez o cristão ouviu dentro em sua alma o soluço de Iracema: seus olhos buscaram em torno e não a viram.

A filha de Araquém estava além, entre as verdes moitas de ubaia, sentada na relva. O pranto desfiava de seu belo semblante; e as gotas que rolavam a uma e uma caíam sobre o regaço, onde já palpitava e crescia o filho do amor. Assim caem as folhas da árvore viçosa antes que amadureça o fruto.

— O que espreme as lágrimas do coração de Iracema?

— Chora o cajueiro quando fica tronco seco e triste. Iracema perdeu sua felicidade, depois que te separaste dela.

— Não estou eu junto de ti?

— Teu corpo está aqui; mas tua alma voa à terra de teus pais e busca a virgem branca, que te espera.

Martim doeu-se. Os grandes olhos negros que a indiana pousara nele o tinham ferido no íntimo.

— O guerreiro branco é teu esposo; ele te pertence.

Sorriu em sua tristeza a formosa tabajara:

— Quanto tempo há que retiraste de Iracema teu espírito? Dantes, teu passo te guiava para as frescas serras e alegres tabuleiros: teu pé gostava de pisar a terra da felicidade e seguir o rasto da esposa. Agora só buscas as praias ardentes, porque o mar que lá murmura vem dos campos em que nasceste; e o morro das areias, porque do alto se avista a igara que passa.

— É a ânsia de combater o tupinambá que volve o passo do guerreiro para as bordas do mar — respondeu o cristão.

Iracema continuou:

— Teu lábio secou para a esposa; como a cana, quando ardem os grandes sóis, perde o mel, e as folhas murchas não podem mais cantar quando passa a brisa. Agora só falas ao vento da praia para que ele leve tua voz à cabana de teus pais.

— A voz do guerreiro branco chama seus irmãos para defender a cabana de Iracema e a terra de seu filho, quando o inimigo vier.

A esposa meneou a cabeça:

— Quando tu passas no tabuleiro, teus olhos fogem do fruto do jenipapo e buscam a flor do espinheiro; a fruta é saborosa, mas tem a cor dos tabajaras; a flor tem a alvura das faces da virgem branca. Se cantam as aves, teu ouvido não gosta já de escutar o canto mavioso da graúna, mas tua alma se abre para o grito do japim, porque ele tem as penas douradas como os cabelos daquela que tu amas!

— A tristeza escurece a vista de Iracema, e amarga seu lábio. Mas a alegria há de voltar à alma da esposa, como volta à árvore a verde rama.

— Quando teu filho deixar o seio de Iracema, ela morrerá, como o abati depois que deu seu fruto. Então o guerreiro branco não terá mais quem o prenda na terra estrangeira.

— Tua voz queima, filha de Araquém, como o sopro que vem dos sertões do Icó, no tempo dos grandes calores. Queres tu abandonar teu esposo?

— Não veem teus olhos lá o formoso jacarandá, que vai subindo às nuvens? A seus pés ainda está a seca raiz da murta frondosa, que todos os invernos se cobria de rama e bagos vermelhos, para abraçar o tronco irmão. Se ela não morresse, o jacarandá não teria sol para crescer tão alto. Iracema é a folha escura que faz sombra em tua alma; deve cair, para que a alegria alumie teu seio.

O cristão cingiu o talhe da formosa índia e a estreitou ao peito. Seu lábio levou ao lábio da esposa um beijo, mas áspero e amargo.

Capítulo 29

Poti voltou do banho.

Segue na areia o rasto de Coatiabo, e sobe ao alto da Jacarecanga. Aí encontra o guerreiro em pé no cabeço do monte, com os olhos alongados e os braços estendidos para os largos mares.

Volve o pitiguara as vistas e descobre uma grande igara, que vem sulcando os verdes mares, impelida pelo vento:

— É a grande igara dos irmãos de meu irmão que vem buscá-lo?

O cristão suspirou:

— São os guerreiros brancos inimigos de minha raça, que buscam as praias da valente nação pitiguara, para a guerra da vingança: eles foram derrotados com os tabajaras nas margens do Camucim; agora vêm com os seus amigos, os tupinambás, pelo caminho do mar.

— Meu irmão é um grande chefe. Que pensa ele que deve fazer seu irmão Poti?

— Chama os caçadores de Soipé e os pescadores do Trairi. Nós iremos a seu encontro.

Poti acordou a voz da inúbia; e os dois guerreiros partiram ambos para o Mocoripe. Pouco além viram os guerreiros de Jaguaraçu e Camoropim que corriam ao grito de guerra. O irmão de Jacaúna os avisou da vinda do inimigo.

O grande maracatim corre nas ondas, ao longo da terra que se dilata até às margens do Parnaíba. A lua começava a crescer quando ela deixou as águas do Mearim; ventos contrários a tinham arrastado para os altos mares, muito além de seu destino.

Os guerreiros pitiguaras, para não espantarem o inimigo, se ocultam entre os cajueiros; e vão seguindo pela praia a grande igara: durante o dia avultam as brancas velas; de noite os fogos atravessam a negrura do mar, como vaga-lumes perdidos na mata.

Muitos sóis caminharam assim. Passam além do Camucim, e afinal pisam as lindas ribeiras da enseada dos papagaios.

Poti manda um guerreiro ao grande Jacaúna e se prepara para o combate. Martim, que subiu ao morro de areia, conhece que o maracatim vem abrigar-se no seio do mar; e avisa seu irmão.

O sol já nasceu; os guerreiros guaraciabas e os tupinambás, seus amigos, correm sobre as ondas nas ligeiras pirogas e pojam na praia. Já formam o grande arco, e avançam como o cardume do peixe quando corta a correnteza do rio.

No centro estão os guerreiros do fogo, que trazem o raio; nas asas os guerreiros do Mearim, que brandem o tacape.

Mas nação alguma jamais vibrou o arco certeiro, como a grande nação pitiguara; e Poti é o maior chefe, de quantos chefes empunharam a inúbia guerreira. A seu lado caminha o irmão, tão grande chefe como ele, e sabedor das manhas da raça branca dos cabelos do sol.

Durante a noite os pitiguaras fincam na praia a forte caiçara de espinho, e levantam contra ela um muro de areia, onde o rio esfria e se apaga. Aí esperam o inimigo. Martim manda que outros guerreiros subam à copa dos mais altos coqueiros; ali defendidos pelas largas palmas, esperam o momento do combate.

A seta de Poti foi a primeira que partiu, e o chefe dos guaraciabas o primeiro herói que mordeu o pó da terra estrangeira. Rugem os trovões na destra dos guerreiros brancos; mas os raios que desferem mergulham-se na areia, ou se perdem nos ares.

As setas dos pitiguaras já caem do céu, já voam da terra, e se embebem todas no seio do inimigo. Cada guerreiro tomba crivado de muitas flechas, como a presa que as piranhas disputam nas águas do lago.

Os inimigos embarcam outra vez nas pirogas, e voltam ao maracatim em busca dos grandes e pesados trovões, que um homem só, nem dois, podem manejar.

Quando voltam, o chefe dos pescadores, que corre nas águas do mar como o veloz camoropim, de que tomou o nome, se arroja nas ondas, e mergulha. Ainda a espuma não se apagara, e já a piroga inimiga se afundou, parecendo que a tragara uma baleia.

Veio a noite, que trouxe o repouso.

Ao romper d'alva, o maracatim fugia no horizonte para as margens do Mearim. Jacaúna chegou, não mais para o combate e só para o festim da vitória.

Nessa hora em que o canto guerreiro dos pitiguaras celebrava a derrota dos guaraciabas, o primeiro filho que o sangue da raça branca gerou nessa terra da liberdade, via a luz nos campos da Porangaba.

Capítulo 30

Iracema cuidou que o seio rompia-se; e buscou a margem do rio, onde crescia o coqueiro.

Estreitou-se com a haste da palmeira. A dor lacerou suas entranhas; porém logo o choro infantil inundou sua alma de júbilo.

A jovem mãe, orgulhosa de tanta ventura, tomou o tenro filho nos braços e com ele arrojou-se às águas límpidas do rio. Depois suspendeu-o à teta mimosa; seus olhos então o envolviam de tristeza e amor.

— Tu és Moacir, o nascido de meu sofrimento.

A ará, pousada no olho do coqueiro, repetiu Moacir; e desde então a ave amiga unia em seu canto ao nome da mãe, o nome do filho.

O inocente dormia; Iracema suspirava:

— A jati fabrica o mel no tronco cheiroso do sassafrás; toda a lua das flores voa de ramo em ramo, colhendo o suco para encher os favos; mas ela não prova sua doçura, porque a irara devora em uma noite toda a colmeia. Tua mãe também, filho de minha angústia, não beberá em teus lábios o mel de teu sorriso.

A jovem mãe passou aos ombros a larga faixa de macio algodão, que fabricara para trazer o filho sempre unido ao flanco; e seguiu pela areia o rasto do esposo, que há três sóis se partira. Ela caminhava docemente para não despertar a criancinha, adormecida como o passarinho sob a asa materna.

Quando chegou junto ao grande morro das areias, viu que o rasto de Martim e Poti seguia ao longo da praia; e adivinhou que eles eram partidos para a guerra. Seu coração suspirou; mas seus olhos secos buscaram o semblante do filho.

Volve o rosto para o Mocoripe:

— Tu és o morro da alegria; mas para Iracema não tens senão tristeza.

Tornando, a recente mãe pousou a criança adormecida na rede de seu pai, viúva e solitária em meio da cabana; e deitou-se ao chão, na esteira onde repousava, desde que os braços do esposo se não tinham mais aberto para recebê-la.

A luz da manhã entrava pela cabana, e Iracema viu entrar com ela a sombra de um guerreiro.

Caubi estava em pé na porta.

A esposa de Martim ergueu-se de um ímpeto e saltou avante para proteger o filho. Seu irmão levantou da rede a ela uns olhos tristes, e falou com a voz ainda mais triste:

— Não foi a vingança que arrancou o guerreiro Caubi aos campos dos tabajaras; ele já perdoou. Foi a vontade de ver Iracema, que trouxe consigo toda a sua alegria.

— Então bem-vindo seja o guerreiro Caubi na cabana de seu irmão — respondeu a esposa, abraçando-o.

— O nascido de teu seio dorme nessa rede; os olhos de Caubi gostariam de vê-lo.

Iracema abriu a franja de penas; e mostrou o lindo semblante da criança. Caubi depois que o contemplou por muito tempo, entre risos, disse:

— Ele chupou tua alma.

E beijou nos olhos da jovem mãe, a imagem da criança, que não se animava tocar, receoso de ofendê-la.

A voz trêmula da filha ressoou:

— Ainda vive Araquém sobre a terra?

— Pena ainda; depois que tu o deixaste, sua cabeça vergou para o peito e não se ergueu mais.

— Tu lhe dirás que Iracema já morreu, para que ele se console.

A irmã de Caubi preparou a refeição para o guerreiro, e armou no copiar a rede da hospitalidade para que ele repousasse das fadigas da jornada. Quando o viajante satisfez o apetite, ergueu-se com estas palavras:

— Diz onde está teu esposo e meu irmão, para que o guerreiro Caubi lhe dê o abraço da amizade.

Os lábios suspirosos da mísera esposa se moveram, como as pétalas do cacto que um sopro amarrota, e ficaram mudos. Mas as lágrimas debulharam dos olhos, e caíram em bagas.

O rosto de Caubi anuviou-se:

— Teu irmão pensava que a tristeza ficara nos campos que abandonaste; porque trouxeste contigo todo o riso dos que te amavam!

Iracema secou os olhos:

— O esposo de Iracema partiu com o guerreiro Poti para as praias do Acaraú. Antes que três sóis tenham iluminado a terra ele voltará, e com ele a alegria à alma da esposa.

— O guerreiro Caubi o espera para saber o que ele fez do sorriso que morava em teus lábios.

A voz do tabajara enrouquecera; seu passo inquieto volveu a esmo pela cabana.

Capítulo 31

Iracema cantava docemente, embalando a rede para acalentar o filho.

A areia da praia crepitou sob o pé forte e rijo do guerreiro tabajara, que vinha das bordas do mar depois da abundante pesca.

A jovem mãe cruzou as franjas da rede, para que as moscas não inquietassem o filho acalentado, e foi ao encontro do irmão:

— Caubi vai tornar às montanhas dos tabajaras! — disse ela com brandura.

O guerreiro anuviou-se:

— Tu despedes teu irmão da cabana para que ele não veja a tristeza que a enche.

— Araquém teve muitos filhos em sua mocidade; uns a guerra levou e morreram como valentes; outros escolheram uma esposa e geraram por sua vez numerosa prole; filhos de sua velhice, Araquém só teve dois. Iracema é a rola que o caçador tirou do ninho. Só resta o guerreiro Caubi ao velho Pajé, para suster seu corpo vergado e guiar seu passo trêmulo.

— Caubi partirá quando a sombra deixar o rosto de Iracema.

— Como a estrela que só brilha de noite, vive Iracema em sua tristeza. Só os olhos do esposo podem apagar a sombra em seu rosto. Parte, para que eles não se turvem com tua vista.

— Teu irmão parte para agradar a tua vontade; mas ele voltará todas as vezes que o cajueiro florescer, para sentir em seu coração o filho de teu ventre.

Entrou na cabana. Iracema tirou da rede a criança; e ambos, mãe e filho, palpitaram sobre o peito do guerreiro tabajara. Depois, Caubi passou a porta e sumiu-se entre as árvores.

Iracema, arrastando o passo trêmulo, o acompanhou de longe até que o perdeu de vista na orla da mata. Aí parou: quando o grito da jandaia de envolta com o choro infantil a chamou à cabana, a areia fria onde esteve sentada guardou o segredo do pranto que embebera.

A jovem mãe suspendeu o filho à teta; mas a boca infantil não emudeceu. O leite escasso não apojava o peito.

O sangue da infeliz diluía-se todo nas lágrimas incessantes que não lhe estancavam nos olhos; pouco chegava aos seios, onde se forma o primeiro licor da vida.

Ela dissolveu a alva carimã e preparou ao fogo o mingau para nutrir o filho. Quando o sol dourou a crista dos montes, partiu para a mata, levando ao colo a criança adormecida.

Na espessura do bosque estava o leito da irara ausente; os tenros cachorrinhos grunhem enrolando-se uns sobre os outros. A formosa tabajara aproxima-se de manso. Prepara para o filho um berço da macia rama do maracujá; e senta-se perto.

Põe no regaço um por um os filhos da irara; e lhes abandona os seios mimosos, cuja teta rubra como a pitanga ungiu do mel da abelha. Os cachorrinhos famintos precipitam gulosos e sugam os peitos avaros de leite.

Iracema curte dor, como nunca sentiu; parece que lhe exaurem a vida; mas os seios vão-se intumescendo; apojaram afinal, e o leite, ainda rubro do sangue de que se formou, esguicha.

A feliz mãe arroja de si os cachorrinhos, e cheia de júbilo mata a fome ao filho. Ele é agora duas vezes filho de sua dor, nascido dela e também nutrido.

A filha de Araquém sentiu afinal que suas veias se estancavam; e contudo o lábio amargo de tristeza recusava o alimento que devia restaurar-lhe as forças. O gemido e o suspiro tinham crestado com o sorriso e o sabor em sua boca formosa.

Capítulo 32

Descamba o sol.

Japi sai do mato e corre para a porta da cabana.

Iracema, sentada com o filho no colo, banha-se nos raios do sol e sente o frio arrepiar-lhe o corpo. Vendo o animal, fiel mensageiro do esposo, a esperança reanima seu coração; quer erguer-se para ir ao encontro de seu guerreiro senhor, mas os membros débeis se recusam à sua vontade.

Caiu desfalecida contra o esteio. Japi lambia-lhe a mão fria e pulava travesso para fazer sorrir a criança, soltando uns doces latidos de prazer. Por vezes, afastava-se para correr até a orla da mata chamando o senhor; logo tornava à cabana para festejar a mãe e o filho.

Por esse tempo pisava Martim os campos amarelos do Tauape; seu irmão Poti, o inseparável, caminhava a seu lado.

Oito luas havia que ele deixara as praias de Jacarecanga. Vencidos os guaraciabas, na baía dos papagaios, o guerreiro cristão quis partir para as margens do Mearim, onde habitava o bárbaro aliado dos tupinambás.

Poti e seus guerreiros o acompanharam. Depois que transpuseram o braço corrente do mar que vem da serra de Tauatinga e banha as várzeas onde se pesca o piau, viram enfim as praias do Mearim, e a velha taba do bárbaro tapuia.

A raça dos cabelos do sol cada vez ganhava mais a amizade dos tupinambás; crescia o número dos guerreiros brancos, que já tinham levantado na ilha a grande itaoca, para despedir o raio.

Quando Martim viu o que desejava, tornou aos campos da Porangaba, que ele agora trilha. Já ouve o ronco do mar nas praias do Mocoripe; já lhe bafeja o rosto o sopro vivo das vagas do oceano.

Quanto mais seu passo o aproxima da cabana, mais lento se torna e pesado. Tem medo de chegar; e sente que sua alma vai sofrer, quando os olhos tristes e magoados da esposa entrarem nela.

Há muito que a palavra desertou de seu lábio seco; o amigo respeita este silêncio, que ele bem entende. É o silêncio do rio quando passa nos lugares profundos e sombrios.

Tanto que os dois guerreiros tocaram as margens do rio, ouviram o latir do cão, a chamá-los e o grito da ará, que se lamentava. Estavam mui próximos à cabana, apenas oculta por uma língua de mato. O cristão parou calcando a mão no peito para sofrear o coração, que saltava como o poraquê.

— O latido de Japi é de alegria — disse o chefe.

— Porque chegou; mas a voz da jandaia é de tristeza. Achará o guerreiro ausente a paz no seio da esposa solitária; ou terá a saudade matado em suas entranhas o fruto do amor?

O cristão moveu o passo vacilante. De repente, entre os ramos das árvores, seus olhos viram, sentada à porta da cabana, Iracema, com o filho no regaço, e o cão a brincar. Seu coração o arrojou de um ímpeto, e a alma lhe estalou nos lábios:

— Iracema!...

A triste esposa e mãe soabriu os olhos, ouvindo a voz amada. Com esforço grande, pôde erguer o filho nos braços, e apresentá-lo ao pai, que o olhava extático em seu amor.

— Recebe o filho de teu sangue. Era tempo; meus seios ingratos já não tinham alimento para dar-lhe!

Pousando a criança nos braços paternos, a desventurada mãe desfaleceu, como a jetica, se lhe arrancam o bulbo. O esposo viu então como a dor tinha consumido seu belo corpo; mas a formosura ainda morava nela, como o perfume na flor caída do manacá.

Iracema não se ergueu mais da rede onde a pousaram os aflitos braços de Martim. O terno esposo, em quem o amor renascera com o júbilo paterno, a cercou de carícias que encheram sua alma de alegria, mas não a puderam tornar à vida: o estame de sua flor se rompera.

— Enterra o corpo de tua esposa ao pé do coqueiro que tu amavas. Quando o vento do mar soprar nas folhas, Iracema pensará que é tua voz que fala entre seus cabelos.

O doce lábio emudeceu para sempre; o último lampejo despediu-se dos olhos baços.

Poti amparou o irmão na grande dor. Martim sentiu quanto um amigo verdadeiro é precioso na desventura; é como o outeiro que abriga do vendaval o tronco forte e robusto do ubiratã, quando o cupim lhe broca o âmago.

O camucim, que recebeu o corpo de Iracema, embebido de resinas odoríferas, foi enterrado ao pé do coqueiro, à borda do rio.

Martim quebrou um ramo de murta, a folha da tristeza, e deitou-o no jazigo de sua esposa.

A jandaia pousada no olho da palmeira repetia tristemente:

— Iracema!

Desde então os guerreiros pitiguaras, que passavam perto da cabana abandonada e ouviam ressoar a voz plangente da ave amiga, afastavam-se, com a alma cheia de tristeza, do coqueiro onde cantava a jandaia.

E foi assim que um dia veio a chamar-se Ceará o rio onde crescia o coqueiro, e os campos onde serpeja o rio.

Capítulo 33

O cajueiro floresceu quatro vezes depois que Martim partiu das praias do Ceará, levando no frágil barco o filho e o cão fiel. A jandaia não quis deixar a terra onde repousava sua amiga e senhora.

O primeiro cearense, ainda no berço, emigrava da terra da pátria. Havia aí a predestinação de uma raça?

Poti, com seus guerreiros, esperava na margem do rio. O cristão lhe prometera voltar. Todas as manhãs subia ao morro das areias e volvia os olhos ao mar, para ver se branqueava ao longe a vela amiga.

Afinal volta Martim de novo às terras, que foram de sua felicidade, e são agora de amarga saudade. Quando seu pé sentiu o calor das brancas areias, derramou-se por todo seu ser um fogo ardente, que lhe requeimou o coração: era o fogo das recordações acesas.

A chama só aplacou quando ele tocou a terra onde dormia sua esposa; porque nesse instante seu coração transudou, como o tronco do jataí nos ardentes calores, e refrescou sua pena de lágrimas abundantes.

Muitos guerreiros de sua raça acompanharam o chefe branco, para fundar com ele a mairi dos cristãos. Veio também um sacerdote de sua religião, de negras vestes, para plantar a cruz na terra selvagem.

Poti foi o primeiro que ajoelhou aos pés do sagrado lenho; não sofria ele que nada mais o separasse de seu irmão branco; por isso quis tivessem ambos um só deus, como tinham um só coração.

Ele recebeu com o batismo o nome do santo, cujo era o dia; e o do rei, a quem ia servir, e sobre os dois o seu, na língua dos novos irmãos. Sua fama cresceu e ainda hoje é o orgulho da terra, onde ele primeiro viu a luz.

A mairi que Martim erguera à margem do rio, nas praias do Ceará, medrou. Germinou a palavra do Deus verdadeiro na terra selvagem; e o bronze sagrado ressoou nos vales onde rugia o maracá.

Jacaúna veio habitar nos campos da Porangaba para estar perto de seu amigo branco; Camarão erguera a taba de seus guerreiros nas margens da Mecejana.

Tempo depois, quando veio Albuquerque, o grande chefe dos guerreiros brancos, Martim e Camarão partiram para as margens do Mearim a castigar o feroz tupinambá e expulsar o branco tapuia.

Era sempre com emoção que o esposo de Iracema revia as plagas onde fora tão feliz, e as verdes folhas a cuja sombra dormia a formosa tabajara.

Muitas vezes ia sentar-se naquelas doces areias, para cismar e acalentar no peito a agra saudade.

As jandaias cantavam ainda no olho do coqueiro; mas não repetiam já o mavioso nome de Iracema.

Tudo passa sobre a terra.

CARTA

Ao Dr. Jaguaribe

Eis-me de novo, conforme o prometido.

Já leu o livro e as notas que o acompanham; conversemos pois.

Conversemos sem cerimônia, em toda familiaridade, como se cada um estivesse recostado em sua rede, ao vaivém do lânguido balanço, que convida à doce prática.

Se algum leitor curioso se puser à escuta, deixá-lo. Não devemos por isso de mudar o tom rasteiro da intimidade pela frase garrida das salas.

Sem mais.

Há de recordar-se você de uma noite que, entrando em minha casa, quatro anos a esta parte, achou-me rabiscando um livro. Era isso em uma quadra importante, pois que uma nova legislatura, filha de nova lei, fazia sua primeira sessão; e o país tinha os olhos nela, de quem esperava iniciativa generosa para melhor situação.

Já estava eu meio descrido das coisas, e mais dos homens; e por isso buscava na literatura diversão à tristeza que me infundia o estado da pátria entorpecida pela indiferença. Cuidava eu porém que você, político de antiga e melhor têmpera, pouco se preocupava com as coisas literárias, não por menosprezo, sim por vocação.

A conversa que tivemos então revelou meu engano; achei um cultor e amigo da literatura amena; e juntos lemos alguns trechos da obra, que tinha, e ainda não perdeu, pretensões a um poema.

É como viu e como então lhe esbocei a largos traços, uma heroica que tem por assunto as tradições dos indígenas brasileiros e seus costumes. Nunca me lembrara eu de dedicar-me a esse gênero de literatura, de que me abstive sempre, passados que foram os primeiros e fugazes arroubos da juventude. Suporta-se uma prosa medíocre, e até estima-se pelo quilate da ideia; mas o verso medíocre é a pior triaga que se possa impingir ao pior leitor.

Cometi a imprudência quando escrevi algumas cartas sobre a Confederação dos Tamoios de dizer: "as tradições dos indígenas dão matéria para um grande poema que talvez um dia apresente sem ruído nem aparato, com modesto fruto de suas vigílias".

Tanto bastou para que supusessem que o escritor se referia a si, e tinha já em mão o poema; várias pessoas perguntaram-me por ele. Meteu-me isto é brios literários; sem calcular das forças mínimas para empresa tão grande que assoberbou dois ilustres poetas, tracei o plano da obra, e a comecei com quase tal vigor que a levei de um fôlego ao quarto canto.

Esse fôlego susteve-se cerca de cinco meses, mas amorteceu; e vou lhe confessar o motivo.

Desde cedo, quando começaram os primeiros pruridos literários, uma espécie de instinto me impelia a imaginação para a raça selvagem indígena. Digo instinto, porque não tinha eu então estudos bastantes para apreciar devidamente a nacionalidade de uma literatura, era simples prazer que me deleitava na leitura das crônicas e memórias antigas.

Mais tarde, discernindo melhor as coisas, lia as produções que se publicavam sobre o tema indígena; não realizavam elas a poesia nacional, tal como me aparecia no estudo da vida selvagem dos autóctones brasileiros. Muitas pecavam pelo abuso dos termos indígenas acumulados uns sobre os outros, o que não só quebrava a harmonia da língua portuguesa, como perturbava a inteligência do texto. Outras eram primorosas no estilo e ricas de belas imagens; porém faltava-lhes certa rudez ingênua de pensamento e expressão, que devia ser a linguagem dos indígenas.

Gonçalves Dias é o poeta nacional por excelência; ninguém lhe disputa na opulência da imaginação, no fino lavor do verso, no conhecimento da natureza brasileira e dos costumes selvagens. Em suas poesias americanas aproveitou muitas das mais lindas tradições dos indígenas; e em seu poema não concluído dos Timbiras, propôs-se a descrever a epopeia brasileira.

Entretanto, os selvagens de seu poema falam uma linguagem clássica, o que lhe foi censurado por outro poeta de grande estro, o Dr. Bernardo Guimarães; eles exprimem ideias próprias do homem civilizado, e que não é verossímil tivessem no estado da natureza.

Sem dúvida que o poeta brasileiro tem de traduzir em sua língua as ideias, embora rudes e grosseiras, dos índios; mas nessa tradução está a grande dificuldade; é preciso que a língua civilizada se molde quanto possa à singeleza primitiva da língua bárbara; e não represente as imagens e pensamentos indígenas senão por termos e frases que ao leitor pareçam naturais na boca do selvagem.

O conhecimento da língua indígena é o melhor critério para a nacionalidade da literatura. Ele nos dá não só o verdadeiro estilo, como as imagens poéticas do selvagem, os modos de seu pensamento, as tendências de seu espírito, e até as menores particularidades de sua vida.

É nessa fonte que deve beber o poeta brasileiro, é dela que há de sair o verdadeiro poema nacional, tal como eu o imagino.

Cometendo portanto o grande arrojo, aproveitei o ensejo de realizar as ideias que me flutuavam no espírito, e não eram ainda plano fixo, a reflexão consolidou-as e robusteceu.

Na parte escrita da obra foram elas vazadas em grande cópia. Se a investigação laboriosa das belezas nativas, feita sobre imperfeitos e espúrios dicionários, exauria o espírito; a satisfação de cultivar essas flores agrestes da poesia brasileira, deleitava. Um dia porém fatigado da constante e aturada meditação ou análise para descobrir a etimologia de algum vocábulo, assaltou-me um receio.

Todo este improbo trabalho que às vezes custava uma só palavra, me seria levado à conta? Saberiam que esse escrópulo d'ouro fino tinha sido desentranhado da profunda camada, onde dorme uma raça extinta? Ou pensariam que fora achado na superfície e trazido ao vento da fácil inspiração?

E sobre esse, logo outro receio.

A imagem ou pensamento com tanta fadiga esmerilhados seriam apreciados em seu justo valor pela maioria dos leitores? Não os julgariam inferiores a qualquer das imagens em voga, usadas na literatura moderna?

Ocorre-me um exemplo tirado deste livro. Guia, chamavam os indígenas, senhor do caminho, piguara. A beleza da expressão selvagem em sua tradução literal e etimológica, me parece bem saliente. Não diziam sabedor do caminho, embora tivessem termo próprio, couab, porque essa frase não exprimiria a energia de seu pensamento. O caminho no estado selvagem não existe; não é coisa de saber; faz-se na ocasião da marcha através da floresta ou do campo, e em certa direção; aquele que o tem e o dá, é realmente senhor do caminho.

Não é bonito? Não está ai uma joia da poesia nacional?

Pois haverá quem prefira a expressão — rei do caminho, embora os brasis não tivessem rei, nem ideia de tal instituição. Outros se inclinaram à palavra guia, como mais simples e natural em português, embora não corresponda ao pensamento do selvagem.

Ora, escrever um poema que devia alongar-se para correr o risco de não ser entendido, e quando entendido não apreciado, era para desanimar o mais robusto talento, quanto mais a minha mediocridade. Que fazer? Encher o livro de grifos que o tornariam mais contuso e de notas que ninguém lê? Publicar a obra parcialmente para que os entendidos preferissem o veredito literário? Dar leitura dela a um círculo escolhido, que emitisse juízo ilustrado?

Todos estes meios tinham seu inconveniente, e todos foram repelidos: o primeiro afeava o livro; o segundo o truncava em pedaços; o terceiro não lhe aproveitaria pela cerimoniosa benevolência dos censores. O que pareceu melhor e mais acertado foi desviar o espírito dessa obra e dar-lhe novos rumos.

Mas não se abandona assim um livro começado, por pior que ele seja; aí nessas páginas cheias de rasuras e borrões dorme a larva do pensamento, que pode ser ninfa de asas douradas, se a inspiração fecundar o grosseiro casulo. Nas diversas pausas de suas preocupações, o espírito volvia pois ao livro, onde estão ainda incubados e estarão cerca de dois mil versos heroicos.

Conforme a benevolência ou serenidade de minha consciência, às vezes os acho bonitos e dignos de verem a luz; outras me parecem vulgares, monótonos, e somenos a quanta prosa charra tenho eu estendido sobre o papel. Se o amor de pai abranda afinal esse rigor, não desvanece porém nunca o receio de "perder inutilmente meu tempo a fazer versos para caboclos".

Em um desses volveres do espírito à obra começada, lembrou-me de fazer uma experiência em prosa. O verso pela sua dignidade e nobreza não comporta certa flexibilidade de expressão que entretanto não vai mal à prosa mais elevada. A elasticidade da frase permitiria então que se empregassem com mais clareza as imagens indígenas, de modo a não passarem desapercebidas. Por outro lado conhecer-se-ia o efeito que havia de ter o verso pelo efeito que tivesse a prosa.

O assunto para a experiência, de antemão estava achado. Quando em 1848 revi nossa terra natal, tive a ideia de aproveitar suas lendas e tradições em alguma obra literária. Já em São Paulo tinha começado uma biografia do Camarão. Sua mocidade, a amizade heroica que o ligava a Soares Moreno, a bravura e lealdade de Jacaúna, aliado dos portugueses, e suas guerras contra o célebre Mel Redondo; ai estava o tema. Faltava-lhe o perfume que derrama sobre as paixões do homem e da mulher.

Sabe você agora o outro motivo que eu tinha de lhe endereçar o livro; precisava dizer todas estas coisas, contar o como e por quê escrevi Iracema. Vi com quem melhor conversaria sobre isso do que com uma testemunha de meu trabalho, a única, das poucas, que respira agora as auras cearenses?

Este livro é pois um ensaio ou antes amostra. Verá realizadas nele minhas ideias a respeito da literatura nacional; e achará aí poesia inteiramente brasileira, haurida na língua dos selvagens. A etimologia de nomes das diversas localidades, e certos modos de dizer tirados da composição das palavras, são de cunho original.

Compreende você que não podia eu derramar em abundância essas riquezas no livrinho agora publicado, porque elas ficariam desfloradas na obra de maior vulto, a qual só teria a novidade da fábula. Entretanto há aí de sobra para dar matéria à crítica e servir de base ao juízo dos entendidos.

Se o público ledor gostar dessa forma literária que me parece ter algum atrativo, então se fará um esforço para levar ao cabo o começado poema, embora o verso tenha perdido muito de seu primitivo encanto. Se porém o livro for acoimado de sediço, e Iracema encontrar a usual indiferença que vai acolhendo o bom e o mau com a mesma complacência, quando não é silêncio desdenhoso e ingrato; nesse caso o autor se desenganará de mais esse gênero de literatura, como já se desenganou do teatro, e os versos, como as comédias, passarão para a gaveta dos papéis velhos, relíquias autobiográficas.

Depois de concluído o livro e quando o reli já aparado na estampa, conheci que me tinham escapado senão que se devam corrigir, noto algum excesso de comparações, repetição de certas imagens, desalinho no estilo dos últimos capítulos. Também me parece que devia conservar aos nomes das localidades sua atual versão, embora corrompida.

Se a obra tiver segunda edição será escoimada destes e doutros defeitos que lhe descubram os entendidos.

Agosto, 1865

COLEÇÃO GRANDES OBRAS

IRACEMA

José de Alencar

VERMELHO MARINHO

Este livro foi impresso em tipologia
Gentium Book Basic, corpo 11/12.